江戸を歩く

貴美子

はじめに

この本は、今の東京を江戸の視点から撮った石山貴美子の写真集である。ほんとうは私は何も書くことはない。しかしここには、私が江戸を幻視しながら歩いた東京と、石山さんがレンズを通して見た東京の背後の江戸が、交叉していると思う。

この本の文章は写真の解説ではない。写真は文章の参考図版ではない。それぞれ別々に書いて、撮った。三味線と唄のように、ずれながら時々出会い、出会っては離れている。

この本は決して東京を網羅してはいない。私が実感できる場所しか、まだ書かれていない。読者が探したいところがすべて出ているとは限らないが、それは許してほしい。これは地名事典でもなければガイドブックでもないからである。しかし部分的にせよ、いいガイドブックでありたいと思っている。

この本は背後に江戸を見ながら書いている。だから東京案内としては不完全である。何よりも、食べ物屋や遊び処はほとんど出ていないと思う。しかし血がかよっているはずだ。江戸という血が、東京の地下を通っていることを感じてほしい。歴史や文化とは昔のことではなく今のことであると、少しでもそう感じていただけたら、いくらか役に立ったのだと思う。

目次

写真提供　ＵＦＪ銀行貨幣資料館（四四頁左・一九七頁右下）
カバー写真　石山貴美子
地図製作　エルフ
文字組版　アイ・デプト．

第一景

鎮魂の旅へ

千住小塚原回向院

そう。やはりここから始めるべきだろう。

江戸は江戸城で成立した。とはいっても、私が江戸を眺める時、その立つ位置は江戸城ではない。私はいったい、どこに立って江戸を眺めているのだろう。そう思いをめぐらしていた時、まっ先に浮かんだのはここ、千住小塚原回向院《せんじゅこつかっぱらえこういん》であった。

自分でも意外だった。一八世紀後半の華々しい江戸文化の中心は、吉原であり歌舞伎であり、日本橋の版元や旦那衆である。その活気が好きだ。その粋《いき》に敬意を払っている。ならば私はそこから江戸を見ているのか？　そう自分に問うた時、何か違った。

千住小塚原回向院──私が「自分の立っている場所はここだったのだ」と気づいた理由《わけ》は、はっきりしている。鉄道線路である。小塚原はＪＲと貨物線と地下鉄の三種類の線路でまっぷたつに分断され、その線路の下に江戸時代の無数の死体が、組み敷かれているのである。これはまるで近代による江戸の扱い方そのままではないか？　そう思いながら、鉄道の下の江戸時代を覗《のぞ》いたような気がしたのだ。

スピードと生産性と効率と、秒を争う絶え間ない流通と運送が極限まできた今の世の中、高速道路と鉄道上でたくさんの事故が起こり、その下敷きになって多くの人々が命を落としている。肥大化した「時間」への欲望は、それに追いついて来られない人々を巻き込み、毎日のように踏みしだく。私はそういう時代に立っている。そういう時代から江戸を見てきたのである。

もうひとつ同じ意味で象徴的な場所があるにはある。それは日本橋だ。なぜ日本橋が象徴的な場所なのかというと、日本橋はもはや橋とは思えない橋だからだ。橋とは、空と水とが見渡せる場所である。しかし今の日本橋の上に立っても、空は首都高速道路にさえぎられ、覗き込めば、はるか下にわずかな水が見えるのみ。そう、ここも私が立つにはいい場所だろう。江戸が高速道路に踏みつぶされている。が、小塚原に比べると美しい。つまり整っていて、踏みしだかれているその意味が見えにくい。だからまず、私は千住小塚原回向院に立ってみた。

寒風吹きすさぶ日だった。

南千住の小塚原は品川の鈴ヶ森とともに江戸時代に死刑が執行された刑場であり、小塚原回向院は一六六七（寛文七）年に建立されて以来、その遺体を埋葬してきた。明治初めに廃止されるまで、約二〇万人がここで処刑され、葬られた。

入って行くとコンクリートの近代的な建物で、そのあまりに変哲のない空気に一瞬「何だ」と思う。しかしこれは、まだ私がその寒風の中に暗い引き込まれるようなエネルギーを、感じ取っていないせいだった。たちまち空気が変わったのは、そこにいた墓守りの男性に、「お仕置き場だった所はどこでしょう？」と訊《き》いた時である。「ここもそうだが、向こうにもまだありますよ」と言う。「向こうとは？」

向こうとは、線路の向こうであった。「一度ここを出て、線路をくぐって右の狭い所をくぐるようにして行くと延命寺《えんめいじ》があり、そこに首切地蔵も、これ以外の墓もある」と言う。私はそのとおりに道をたどりながら、もう一度、自分の中で反芻《はんすう》する。「向こうとは？　なぜ線路の向こうにあるのか」――暗いガード下をくぐる。向こうに出る。すると、ほんとうにあった。

まるで洞穴をくぐって別世界に行くような気分で、あの世の入り口ではないか、と思った。そこには確かに、三メートルを超える大きな首切地蔵（延命地蔵）が現れた。一七四一（寛保元）年、江戸時代に建立された地蔵尊である。ここは回向院とは別で延命寺という。まさに刑場の一角にあたる。

突然、けたたましい音がする。地蔵尊のすぐ右後ろを、電車が轟音《ごうおん》とともに通った。また音がする。すさまじい音だ。こんどは左後ろから電車が来る。そしてまた右から……。轟音の中に地蔵尊はどっかりと座り、その下には墓が広がっていた。

木戸を開けて墓地に入る。墓地からも、電車の高架線が右に左に見え、絶え間なく電車が行き来する。墓地を奥まで進む。電車が通らない一瞬の静けさを縫って、どこかで風鈴が鳴る。

寒い。

木戸まで戻って戸を開けると、また風鈴が鳴る。なぜか木戸にいくつもの風鈴がかけられ、寒風を受けて鳴り続けているのだ。鈴はもともと神を呼ぶ音である。しかしここの風鈴は何も呼び招くことがないように思われる。それともこの下に眠る、二〇万人の死者の霊を呼び続けているのだろうか?

それにしてもなぜ、死者の安眠の場が線路で分断され、線路の下になっているのだろう。『江戸東京重ね地図』で江戸と東京を重ねてみる。確かに、刑場や墓場の敷地が線路でぐっさりと二分されている。ここは土葬であった。遺体は非人頭に下げられ、この境内に取り捨てられたという。浅く穴を掘って埋めたので、雨で手足が出てくることもあり、夏は臭気が鼻をついた。野犬やイタチが死体を食うこともあった。つまりこの下にはそういう死骸《しがい》が無数に埋まっているはずなのだが、近代の日本人はそれについて何も考えることなく、この上に鉄道の線路を敷き、地下鉄を通し、すぐ隣に駅を作ったのだった。ここにはJR常磐線《じょうばんせん》・南千住駅、地下鉄日比谷線・南千住駅、そしてJR隅田川貨物駅がある。

ここ小塚原回向院に葬られたのはいわゆる犯罪者ばかりではない。「幕府も諸侯も、もはや酔人である」と言い放って、恐れることなく幕府を問いつめた吉田松陰《しょういん》・二九歳も、伝馬町《てんまちょう》牢屋敷《ろうやしき》で処刑され、ここに葬られた。危機感をつのらせて将軍の後継者問題に身を投じた橋本左内《さない》・二五歳もここに葬られた。頼山陽《らいさんよう》の息子で、反幕府思想を練り上げた頼三樹三郎《みきさぶろう》・三四歳もここに葬られた。二・二六事件のリーダー、磯部浅一《あさいち》もここに……。

こで処刑を見つめてきた。足元には、手向けの花が絶えることはない。

延命地蔵。3メートルを超すこの地蔵は、江戸時代から明治の初めまでこ

安政《あんせい》の大獄《たいごく》、桜田門外の変、坂下門外の変、二・二六事件……、江戸が崩壊し東京となり、しかしだからといって世界がよくなったわけでもなく、むしろ日本は戦争に突入し農村は疲弊してゆく。これらの事件を並べてみると、江戸から近代へのそういう経過が見えてくる。その時々で危機感をつのらせ、「間違っている」と断固としてそう言い放ち、それがために殺された者たちの意志が、この線路の下に埋まっているのである。これは日本の近代史そのものではないか。しかしこの扱いはどうであろう。隠しておきたい闇の歴史であるから、線路の下に置き去りにすることにしたのか？

「御霊《ごりよう》信仰」――日本の近代はこの信仰を捨てることで始まった。御霊は「みたま」とも読む。死者の霊を畏れの感情とともにそう呼んだ。御霊が祀《まつ》られる「御霊会《ごりようえ》」は、『三代実録』によると八六三（貞観五）年に京都の神泉苑《しんせんえん》で始められたとある。京都の八坂神社の御霊会は祇園祭として八六九年に始まっている。つまり、とても起源がはっきりしている。最初の御霊会で祀られたのが、崇道《すどう》天皇、伊予親王《いよしんのう》、藤原吉子《きつし》、橘 逸勢《たちばなのはやなり》、文室宮田麻呂《ふんやのみやたまろ》であり、その後も、藤原広嗣《ひろつぐ》、吉備真備《きびのまきび》、菅原道真《みちざね》などがこれに加わっている。中世以降は曾我五郎も仲間に入る。

彼らはいわゆる反社会的人間であり、決して社会的に評価された「偉い人」ではない。権力にとっての政敵であり、戦争でいえば味方ではなく敵にあたる。その敵たちが怨念をもったま

延命地蔵の足元にひっそりと立つ小さな地蔵。風雨にさらされたほほえみが凄絶。帽子と前掛けが、人のぬくもりと祈りを感じさせる。

ま亡くなった場合、怨霊《おんりょう》となってこの世に天災や疫病《えきびょう》（つまり人力では防げない災厄）をもたらす、と考えられた。であるから彼らを祀り、鎮魂し、悪（反秩序的エネルギーの意味）を制御しなくてはならなかった。

これは、祀るほうの心理からいえば明らかに「うしろめたさ」「悔恨」である。また政治的意味からいえば、反政府勢力の慰撫《いぶ》である。効力からいえば、それは戦争の回避、政権の安定、人々の安心感につながる。もちろん、菅原道真等々実在の個人名の背後には、無数の政敵や、無念の想いで死んだおおぜいの者たちがいる。そして各地にある「天神」は、その象徴であった。

日本が伝統を重んじる国であるなら、御霊の鎮魂と慰撫を大切にし続けただろう。敵を無視し味方の軍人だけを「英霊」と呼んで特別に祀ったりはしないであろう。そういう施設に、国の代表者が参拝に行ったりもしないだろう。日本が伝統を重んじる国であるなら、明らかに御霊とみなされる者たちを、線路で分断しその下に踏みつけにしたりもしない。

一八七九（明治一二）年、陸軍省の主導のもと、靖国《やすくに》神社が成立する。近代日本は植民地戦争をするために、御霊を捨てて英霊をとったのである。歴史や文化を捨てて軍事をとったのである。人々は明治以来のそのような価値観をひきずる政治家を、いまだに選び続けている。そうした意味で小塚原回向院は靖国神社の対極にある。靖国神社は日本にひとつしかないが、小塚原回向院のような見捨てられた近代の闇は、全国至るところにあるに違いない。

しかし延命地蔵は今もたくさんの信仰を集めている、と聞いた。小塚原回向院、延命寺を大切に守り、毎日清めている地元の方々がいるからこそ、私はこの江戸時代の地蔵を仰ぐことができる。近代化を推し進めるエネルギーとはうらはらに、土地に根付いている庶民は、歴史をおいそれとは忘れないのである。

コツ通り

ところで、この小塚原回向院から北に、千住大橋に向かってのびる道を「コツ通り」という。この通りの周囲および、日光街道と重なって大橋に至る道の周囲が小塚原という地名であった。コツとはこの小塚原の略だという。まさか「骨」という意味ではないのだろうが、「コツ」という音を聞くと「骨」と聞こえ、どうしても死骸の骨が眼の中に浮かんできてしまう。それで、手で掘れば人骨が出てきたから「コツ」というのだ、という説を採る人もいる。

このコツを含む千住宿は品川、新宿、板橋と並ぶ江戸の宿場町であると同時に、よく知られた岡場所（公認の吉原とは異なる非公認の遊里）でもあった。この小塚原の遊里を舞台にした落語が『藁人形《わらにんぎょう》』である。

主人公はこのコツで門付けの念仏をしてまわる願人《がんにん》坊主の西念《さいねん》だ。この西念、かつては火消しだった。火事場の喧嘩で人を殺し、いろは長屋に暮らす願人坊主になった。コツの若松屋に、お熊という若い遊女がいた。大きな米ぬか屋の娘だったが、駆け落ちして遊女に落ちぶれた女だった。母親の命日にこの西念を呼んで念仏を唱えてもらう。

それからたびたび呼び止めるようになり、ある日お熊は、「上方から来る旦那に絵双紙屋《えぞうしや》を買ってもらうことになり、手金を打った」と話す。「旦那がね、身内はいないのかって聞くもんだからつい、お父っつあんがいるって言っちまったんだよ。西念さんはほんとに死んだお父っつあんにそっくりだ。私に面倒をみさしてくれないかい。店番でもしてくれればいいんだよ」と。しかしこの話には次の展開がある。「店の持ち主がね、事情ができて残りの三十両をすぐに払ってもらいたい、って言うんだよ」と。「旦那はあと十日で江戸に来るが、それまで誰かに借りられないだろうか」と相談するのである。

この話のミソは、「死んだお父っつあんにそっくりだから面倒をみたい」というくだりだろう。聞く者は思わずほろっとする。むろん西念も心を打たれる。「ならば人に借りて利息を取られるよりは」と、西念はためていた金をすべて、お熊に渡してしまうのである。ここまで来て、おおかたの人は展開が読めるだろう。西念はあるとき風邪をひき、薬代が必要になって金を返してもらいにお熊を訪ねる。しかしお熊は「そんな金は知らない」と言うのだ。そう、女郎お熊は坊主をだまして三十両という大金を手に入れたのである。

西念は七日七晩引きこもってしまう。甥《おい》が訪ねると、西念は藁人形を油で煮ている。「なぜ釘を打ち込まないで油なんかで煮ているんだ?」「ぬか屋の娘だから釘じゃきかない」というのがオチなのだが、煮ている油のにおいがただよってくるような最後が不気味だ。江戸時代のコツはどこかに、差別や怨念をひそませていた。

コツは岡場所としてのみならず賭博でも知られていたらしく、志《し》ん生《しよう》の落語の枕には「コツで遊ぶ」という表現が繰り返される。コツで遊んで身をもち崩すのだ。平岡正明は「古今亭《ここんてい》志ん生が、男がコツで遊ぶと言った瞬間に、虚無の口が吉原の底にあく」と書いた(『大落語』下)。

吉原は極楽だが、コツは下落と虚無の象徴だったのである。そしてまだ志ん生の時代には、「青々と茂るススキの根には人骨が嚙《か》んでいる骨嚙みの河原のあった隅田川」(同前)を語ることができたのだが、もはや噺家《はなしか》たちはそれを語れない、という。かつて志ん生の語ったコツの女郎屋の二階からは、遠くよどんだ隅田川の流れ、河原の石ころ道、宿場の木戸、馬つなぎの水桶、瘦せた犬、軒下に立って念仏を唱えているよごれた墨染めの願人坊主が見えていた、と(同前)。大門《おおもん》、桜並木、七軒茶屋、おいらん道中の吉原とは天と地の違いである。

コツは吉原のような夢の世界ではない。忘れられた場所であり、今や落語や文化論からも剝《はく》落《らく》した世界なのだ。

千住大橋

千住は宿場であるから、むろん金も集まった。大きな宿屋もある。そのひとつに中屋六右衛《ろくえ》門《もん》という宿があった。一八一五（文化一二）年、ここで「酒合戦」が開かれた。この様子については拙著『江戸はネットワーク』に詳しい。

中屋六右衛門はこの年の一〇月、還暦の祝いを迎えた。彼は自分の資金で終日、誰が来ようとも好きなだけ酒を飲ませることにしたのである。まず、大田南畝《おおたなんぽ》、酒井抱一《ほういつ》、谷文晁《ぶんちょう》、亀《かめ》田《だ》鵬斎《ほうさい》、二世平秩東作《へずつとうさく》などの著名な狂歌師、画家、文筆家を招いたというから、そういう人脈があったのであろう。

南畝がこの日の記録を詳細に書き残している。この日、千住や浅草など、江戸中からやってくる客で会場があふれ、大量の酒を飲む者が続出する。一升《しょう》五合を飲んだ大熊老人はコツで傀儡《くぐつ》を招いて遊んだという。千住にはこういう洒脱な文化もあった。人脈からみて、中屋六右衛門は狂歌と書画をやっていたのではないだろうか。

ちなみに千住随一の大旅籠《おおはたご》は中田屋というが、中屋とは別であろう。二番目は竹吾妻、三番目は相模屋《さがみや》といったらしい。そういう中にも入らない中屋がこういう催しをする経済力があるのだから、千住の宿はかなり豊かだった。日光街道の宿である。当然といえば当然で、一般の

正月2日の朝の富士山。千住新橋近くの荒川土手から。都心はもちろん、千住からもビルにさえぎられて見えないが、ここまで来てやっと雄姿が。

参詣者はもちろんのこと、参詣の大名行列、朝鮮通信使一行、オランダ商館長一行も通った。松尾芭蕉《ばしょう》が『奥の細道』の旅に出発したのも千住だった。「行く春や鳥啼《な》き魚の目は泪《なみだ》」を詠《よ》んでここから旅立って行ったのである。『奥の細道』から推察するに、長い旅に出る人を、友人たちが柳橋《やなぎばし》あたりから一緒に舟に乗って、隅田川を千住まで送って行く、という習慣もあったようだ。旅人で賑《にぎ》わうだけでなく、送迎客で賑わい、遊び客で賑わったのである。

洒脱の向こうに開けるのは隅田川であり、そこにかかる千住大橋である。千住の宿はまずこの大橋の北に栄え、やがて南側にも広がった。大橋は富士の名所でもある。葛飾北斎《かつしかほくさい》の『富嶽《ふがく》三十六景』では「武州《ぶしゅう》千住」「従千住花街眺望ノ不二《せんじゅかがいよりちょうぼうのふじ》」の二点が、千住からの富士の眺めを描いている。「武州千住」は水門の間から富士が覗き、釣り人がいて草を馬の背に乗せた農民が歩いている。「従千住花街眺望ノ不二」では、橋を渡って国に帰る大名行列の武士たちが三々五々歩きながら、向こうに広がる景色を眺めている。近くにはふたりの若い美しい農婦が行列を眺めている。その向こうには小塚原遊里の建物群が並ぶ。さらに向こうには、富士がそびえる。大名行列の武士たちはそのどれを見ているのか。なかなか色っぽい風景画だ。

江戸に富士の名所はいくらでもあったが、今やほとんどのところで富士は見えない。千住ならなおさら見えないだろうと思ったがとんでもない。近くの荒川土手からは、北斎の描いた富士よりさらに壮大な富士が、冬の空に浮かび上がるのである。千住に富士はよく似合う。

浄閑寺

千住大橋は快晴がいい。小塚原回向院に眠る線路下の魂の群れは、「コツ」を通って千住大橋に至り、空と水と富士に明るく開かれてゆくに違いない。そのようにして彼らは日々、隅田川に癒《いや》されている。まさに「鎮魂」である。私たちの近代がなし得ないでいる鎮魂は、江戸の自然の名残が、かろうじて担ってくれている。まことに隅田川は、江戸を浄化する水の流れなのである。

一方、小塚原回向院から線路沿いに西に歩くと、間もなく三《み》ノ輪《わ》の浄閑寺《じょうかんじ》になる。現在の地下鉄日比谷線・三ノ輪駅がある日光街道は、千住大橋の南端からその道沿いに誓願寺、素盞《すさの》雄《お》神社、真養寺、西光寺、円通寺、真正寺など、寺社がぎっしり並ぶ道である。江戸時代でも現代でもそれは同じだ。

浄閑寺はその並びのひとつなのだが、しかし他の寺と違うのは、千住大橋からの日光街道、小塚原回向院から西に行く道、そして吉原からの土手通りの三本の道が交叉する点に位置することである。しかも江戸時代は周囲を田圃《たんぼ》に囲まれ、その田圃は三ノ輪村と小塚原町とその他との入会地《いりあいち》であった。浄閑寺はその存在理由からいっても、小塚原のお仕置き場と吉原遊廓の交叉するところに位置したのだった。死と性、罪と罰が交わる場所なのである。

浄閑寺には、一六五七（明暦三）年の新吉原遊廓開設以来、遊女と遊廓関係者を含め、約二万五〇〇〇人が葬られているという。安政大地震で亡くなった遊女と遊廓関係者がもっとも多いが、なかには心中した遊女、客に殺された遊女、そして引き取り手のいない下級遊女たちも葬られている。しかし浄閑寺は、そこから想像するイメージよりずっと明るい。きれいに清掃され、どこかしらに花が飾られ、近隣の日常生活がそのまま寺に侵入している。墓守りの男性が掃除をしている姿をよく見かける。何か尋ねると気軽に話をしてくださる。特別なところではなく、ごく日常的な寺なのだ。

本堂裏の墓地のまん中に、遊女たちの骨を納めて供養した大きな新吉原総霊塔がある。名前も特定できないまま葬られた遊女が多い。浄閑寺は「投げ込み寺」といわれる。同様に「投げ込み寺」と呼ばれた寺は他にも、日本堤《にほんづつみ》の西方寺（「土手の道哲」と称された）と今戸《いまど》の正憶院《しようおくいん》があったが、両方ともすでに移転している。しかしすべての遊女がこれらの寺に無縁仏として投げ込まれた（合葬された）わけではない。

まず吉原の遊女は、年季奉公として契約で雇われる。通常三年半ぐらいだが、借金の額や、休みの取り方や働き方によっては、もっと長くなる。しかしいくら長くとも二七歳までには解放されることになっている。そのぐらいまでに相手を見つけて結婚したり、郷里に帰ったり、店をもったり、妾になったり、引き続き遣り手《やて》（マネージャー）や茶屋の従業員として働いたりする。遊女の平均死亡年齢は異常に低い、といわれる。確かに食べ物は貧しく寝不足にもなりがちなので、同じ年齢のしろうとの女性たちより病気になりやすかった。しかし年季が終われば出て行ってしまう大部分の遊女たちの死亡年齢を、どうやって追跡調査し得るだろうか？江戸時代に追跡調査のシステムなどなく、これは、いったん吉原に入った遊女が二度と外に出ない、という誤った情報から推測されたのではないか？　遊女の平均死亡年齢は誰にもわからない。

というわけで、ふつう遊女は遊廓の外で亡くなり、個々の家の墓に入る。また心中など特別な事情で亡くなったわけではない病死の遊女は、親や兄弟に引き取られて家の墓に入る。しかし親や兄弟に連絡が取れなくなった場合やすでに家族がない場合、抱え主の旦那寺《だんなでら》に入ることになっていた。以上のことは、契約書にも書いてある（石井良助『江戸の遊女』）。

浄閑寺はまず、ここが抱え主の旦那寺

浄閑寺の墓地。向こうに洗濯物がひるがえり日常にとけ込む墓石群。

だった場合、その店の遊女が入っているはずだ。別の寺が抱え主の旦那寺だった場合、そちらに入るのである。しかしこういう可能性がある。つまり契約書に書いてあることを履行しようとしても、借金を抱えて家庭が崩壊すれば、死亡した遊女の屍《しかばね》を引き取ることが不可能になり、「連絡不能」にしてしまう、というケースである。

出世した遊女は足抜きが早いか、あるいは自分の収入を仕送りしたり、家族を呼び寄せたりできるので、そういうことにはならない（たとえば、樋口一葉《ひぐちいちよう》『たけくらべ』の大巻《おおまき》は、両親・妹と一緒に暮らしている）。しかし下級遊女は家族に拒否される可能性がある。そこでこれらの旦那寺はいきおい、投げ込み寺としての機能を負うことになってしまったのではないだろうか。これら、家族から見放された下級遊女、心中した遊女（心中は犯罪であった）、火災や震災で亡くなった身元不明の遊女が、無縁仏として、ここに合葬されているのである。

ここはそういうことを感じさせない清潔な寺だが、しかし遊女とは何か、と考えた時、そのきらびやかで贅沢《ぜいたく》な生活の裏にある、社会の下層の存在に思いをはせることになる。だからこそこの寺には、永井荷風《かふう》の言葉が刻まれているのである。荷風は相磯凌霜《あいそりようそう》との対談で、自分の遺骸は粗末な駕籠《かご》に乗せて、雨の日の夕暮れに浄閑寺に送り込んでくれ、と語った。荷風は自分の身を、引き取り手のいない遊女に見立てたのである。かつて日本には前向きではなく後ろ向きの、楽しさではなく哀しさの、雨の夕暮れの屍のような美意識が、あったのだった。

第二景

賑わいの今昔

吉原の水

浄閑寺から土手通り（日本堤）を南東に行くと、道の右側に吉原遊廓《ゆうかく》を示す「見返り柳」という一本の柳がある。

江戸時代には、この一本の柳と、吉原の建物独特の屋根上の給水桶で、ここからが吉原だとわかったのだ。歌川広重の絵で見ると土手通りはまさに土手で、その左右はかなり低く落ち込んでいる。しかし川があるわけではなく、道の下は田圃だ。山谷堀《さんやぼり》という細い水路はあるが、田圃に配水するためのものらしく、舟は途中までしか入れない。土手というより、田と田のあいだのあぜみちの巨大なもののように見える。吉原遊廓が浅草田圃を埋め立てて開発された全き人工の都市であることが、その土手通りの形状でもわかる。土手通りは当時、よしず張りの簡易店舗が並んでおり、舟で来て徒歩や駕籠で吉原に向かう客たちの休み処となっていた。

この巨大なあぜみちは、現在は日本堤大通りという、車がどんどん通る自動車道路となり、見返り柳はガソリンスタンドの前にみじめな姿で立っている。これは三代目の柳だというが、排気ガスで弱っているようで、よほど注意しないと気がつかない。信号に「吉原大門」とあるから、かろうじてここから吉原だとわかる。この柳を目印に、浄閑寺から行くと右側へ、浅草から入ると左側へ、ゆるやかな坂を下りてゆく。この坂は「五十間道《ごじっけんみち》」あるいは「衣紋坂《えもんざか》」といい、くの字形に湾曲している。城郭都市の作り方と同じで、土手から内が見えないようにしてあるのだ。江戸時代は「喜見城《きけんじょう》」と呼ばれたが、まさに城のような作りであり、あつかいである。江戸における「もうひとつの城」「裏の城」といってもいい。

一七七二（安永元）年ごろからこの坂のちょうどまん中左側に、日本橋に移るまでの約一一年間、蔦《つた》屋重三郎《やじゅうざぶろう》が店を出していた。喜多川歌麿、東洲斎写楽、北斎、山東京伝、曲亭馬琴、十返舎一九を育てた江戸文化の中心人物である。今はそのあたりに横道ができている。吉原はいつも、江戸文化のゆりかごであった。

間もなく大門に着く。大門は木造の門から、明治になるとレンガ門へと変遷した。そして

交番を右に入った道が、かつてお歯黒どぶだったところ。古い石垣が残る。

今は門がない。標識すらないので、昔の地図を持って歩くのでない限り、どこが大門だったかわからない。しかし江戸時代の痕跡は残っている。それは交番だ。江戸時代では大門を入ると右手には、町でいえば自身番《じしんばん》にあたる吉原会所《かいしょ》（四郎兵衛《しろべえ》会所）があった。人別帳《にんべつちょう》（戸籍簿）を管理していて、出入りをチェックするのである。左手には幕末の頃、奉行所差配《さはい》の面番所《めんばんしょ》があった。今、その場所は床屋になっている。その日常性がまぶしい。そして四郎兵衛会所のあった場所が交番になっている。自身番とは自治的な交番のことで、交番の起源であるから、管理が国に移ったとはいえ、同じ場所に置かれているのが面白い。

吉原遊廓は水に囲まれていた。この、まるで平安京のように碁盤《ごばん》の目で長方形に作られた人工の町は、まさに「もうひとつの城」であり、城郭のように堀で囲まれていたのである。堀は「お歯黒《はぐろ》どぶ」と呼ばれていたが、「どぶ」というほど小さくはない。はね橋を下ろして渡る堀である。今は堀はすべて埋め立てられ跡形もないが、その石垣の名残らしいものを眼にした。私の立つこの場所にかつて水が流れ、そこから廓を見ると、荒れ果てた地の向こうにきらびやかな明かりが見えたに違いない。堀には二階の騒ぎ、ろうそくの明かりが映り、ここ吉原には毎日、その明と暗、陰と陽がせめぎあっていた。今その明かりはソープランドの明かりであり、遊女ならぬ「コンパニオン」というものを募集している。

何が違うのか、何が同じなのか、混乱する。しかし違う。

吉原神社。ここにはかつて遊廓の角にあった４つの稲荷が合祀されている。

吉原のまん中には大門からまっすぐ、「仲《なか》の町《ちょう》」という大通りが通っている。ここに面して引手《ひきて》茶屋《ぢゃや》（仲介する茶屋）が軒をつらね、遊女屋は、この大通りから左右に伸びる三本の道に面していた。吉原の遊女がどういうものでどういう暮らしがここにあったか、私はすでに『江戸の恋』『樋口一葉「いやだ！」と云ふ』などで書いたので繰り返さない。が、私が今の仲の町に立って寂しいと思うのは、やはりその覇気《はき》のない並木の貧しさであり、季節感のなさであり、何ともいえない町の寂しさであろう。

江戸時代の仲の町は、桜の季節に桜を植え、一年中、年中行事の祭と花の盛りを演出した。一般には行燈《あんどん》しか使わない時代に、百目《ひゃくめ》蠟燭《ろうそく》が吉原をきらびやかな光の渦にし、それによって「不夜城」と呼ばれた。つまり吉原は当時の日常生活との差異の演出によって、まさに極楽だったのである。

やがて吉原はその差異を失っていき、ついに一九五八（昭和三三）年の売春防止法成立を境に、ふつうの生活の一部である「ソープランド」となった。遊女は天女といわれたが、コンパニオンとかソープ嬢というものは、そのへんにいるお嬢さんなのだろう。今の吉原はほかのソープランド街とほとんど変わらない、何の変哲もない町である。私は吉原に出かけると、この変哲もない町から、歴史の襞に隠れた吉原を懸命に想像しようとする。その最適な場所が、お歯黒どぶの石垣の名残なのである。

ところで樋口一葉は一時、この吉原の北に接する竜泉《りゅうせん》に暮らした。ここから西片《にしかた》に移った後、竜泉での経験が結実して『たけくらべ』が書かれている。一葉にとって『たけくらべ』は、それまでとはまったく違う次元の小説となった。

その『たけくらべ』の冒頭、見返り柳、お歯黒どぶに続いて出てくるのが、吉原裏の長屋である。その長屋には吉原に勤める従業員たちの住まいがあるのだが、そこでは早くも正月から、あるものを造り始める。それが鷲《おおとり》神社の酉《とり》の市《いち》で売る熊手《くまで》であった。長屋は熊手生産でようやく生活を支えていたのだった。

西の市は吉原の年中行事ではないが、寂しくなった秋の吉原には「身にしみじみと実のある」

鷲神社の酉の市で売られる熊手の部分。じつはお多福こそ江戸の女神。

熊手の小判、鯛、達磨、小槌。このぎっしり感が、庶民の豊饒イメージ。

客がそっと通ってくるという。それは酉の市で賑わう晩秋のころである。酉の市は寂しさと一体になった賑わいである。

山谷堀

日本堤をしばらく歩くととても退屈する。とくに真夏は並木もなくアスファルトの照り返しがつらいので、途中で山谷堀公園にそれることにしている。江戸時代はここが土手通りより下の位置になり、山谷堀という水の流れる堀であったため、歩くことはできなかった。今は堀を埋め立てて作った細長い公園だ。晴れた日は気持ちよく、桜が咲くととりわけ美しい。子供とホームレスが自然に一緒にいる公園である。

やがて大きな通りにぶつかる。この吉野通りと交わるあたりまで、江戸時代は隅田川から舟が入っていた。鍬形蕙斎《くわがたけいさい》の『江戸一目図屏風《ひとめずびょうぶ》』を見ると、このあたりに少人数用の猪牙舟《ちょきぶね》がぎっしりたまっており、ちょうどタクシーの溜《た》まり場のようだったことがわかる。山谷堀はここから細くなるため、舟で吉原に入る客はここで降り、よしず張りの店をひやかしながら土手通りを歩いたのである。

私は山谷堀公園を歩きながら舟を想い、水を思う。吉原といいそこに至る道といい、江戸はやはり水の都である。

山谷堀公園。ここはかつての山谷堀の跡。隅田川とここを吉原に向かう猪牙舟が行き来した。川が桜並木に変わるのもわるくない。

待乳山聖天

吉野通りを渡ってそのまままっすぐ隅田川に向かうと、右に待乳山聖天《まっちやましょうでん》が見えてくる。隅田川から山谷堀に入る舟は、この丘を目印にした。

ここは何ともユーモラスなお寺で、大好きなところだ。寺のシンボルマークは巾着《きんちゃく》と二股《ふたまた》大根。巾着はお金を、二股大根は性のもたらす豊饒《ほうじょう》を表現している。飛鳥時代からある寺なので吉原とは何の関係もないが、一般に、聖天が男女抱擁の歓喜天をシンボルとするためか、底抜けの明るさに満ちている。一月七日には「大根まつり」がおこなわれ、ふろふき大根が食べられる。

この丘は金龍山《きんりゅうさん》という。六世紀末に出現した丘だとされている。浅草寺《せんそうじ》の正式名称が金龍山浅草寺で、しかもその本尊である観音像が発見されたのは七世紀初め、場所は駒形堂《こまがたどう》のあたりであった。

浅草寺本堂から北東約六〇〇メートルに待乳山聖天があり、南東に同じぐらいの距離で駒形堂がある。東に向かって同じくらいの距離をのばせば隅田川の対岸になり、西や南には江戸時代は寺がぎっしり建っていた。時代でいえば七世紀前後、空間でいえば浅草寺を中心にして半径約六〇〇メートル圏内のこのあたりに、聖なる空間が成立した。

待乳山聖天の提灯。左の提灯には思わず笑ってしまう二股大根が描かれ、よく見るとエロティック。右の福々しい巾着もなぜか笑い顔に見える。

待乳山聖天本堂。こうして大根を供えると怒りの毒が消えるそうだ。

山は、関東大震災後にコンクリートで固められたという。この土地全体からみると、九メートルほどの小山がここにあるのは何か不自然だ。突然出現したというのも不思議な話である。人工の山ではないだろうか。海がもっと入り込んでいたころ、目印の役目を果たした山かもしれない。

最初、土地の根生《ねお》いの漁師たちはこのあたりにしかいなかったともいう。江戸の根幹、江戸の始まりの地、なのだろう。このことについては後に、浅草寺のこととして考えてみよう。もう目の前が隅田川である。

浄閑寺、吉原とたどってくると、やはり隅田川に至って心洗われる気持ちになる。小塚原回向院における千住大橋、隅田川と同じで、ここに来ると山があり水があり空があり光があって、遊女たちの魂が癒され、江戸が癒されるのだ。

猿若町

待乳山聖天を下りて西に一〇〇メートルも行けば芝居町（猿若町《さるわかちょう》）に入る。とはいってもそれは江戸時代のこと。それも幕末に近い一八四二（天保一三）年から、一八九二（明治二五）年までのあいだである。しかしその賑わいたるや、その時代に生きた人々にとっては忘れられないことのようだ。

子供のころにたびたび猿若町に出かけた今泉みねは『名ごりの夢』で、猿若町の活気を語っている。それによると、夜明け前に築地《つきじ》から船に乗り浅草（駒形であろう）で降りて猿若町に入ると、まだ暗い通りの両側に提灯《ちょうちん》を下げた茶屋がずらりと並んでいたという。「夏なら着物も素肌にきて、サアッと洗い上げたといったような感じのする」芝居茶屋の従業員たちが、さっぱりとした気っ風、歯切れの良いやり取り、迅速な対応で客を出迎える。茶屋で休んでいると、カチーン、カチーンと柝《き》が入る。次の瞬間にはがやがやと家鳴り震動が始まり、「時がまいりました」と迎えが来る、とある。

こうして客たちは胸をときめかせながら、劇場という異世界に入って行くのである。

劇場の前には、酒樽、米俵、炭俵、醤油《しょうゆ》、蒸籠《せいろ》（饅頭《まんじゅう》）などが富士山の形に積まれ、何とも豊かな景気のいい風情《ふぜい》を作り出している。これらは劇場が用意するのではなく、町内の若者連中や贔屓《ひいき》連中が用意するのである。江戸時代の芝居ファンは役者の追っかけではなかった。芝居町の賑わいを作り出し、盛り上げ、空間を演出した町おこしの核《コア》であり、芝居の一部を成していたのである。

木戸の係は揃いの着物を着て揃いのてぬぐいをかぶり、扇子《せんす》をあおいで「アリャ、アリャ、アリャ」と客を招く。役者の手ぬぐいをかぶり、弓張《ゆみはり》提灯をさげた勇み肌の「手打ち連中」は木戸の前で「ヨイヨイヨイ」と手を打ち、ついには芝居の切り落としへ入り込んで声色《こわいろ》で客を

歌川広重画『名所江戸百景』「猿わか町よるの景」。秋の猿若町だ。

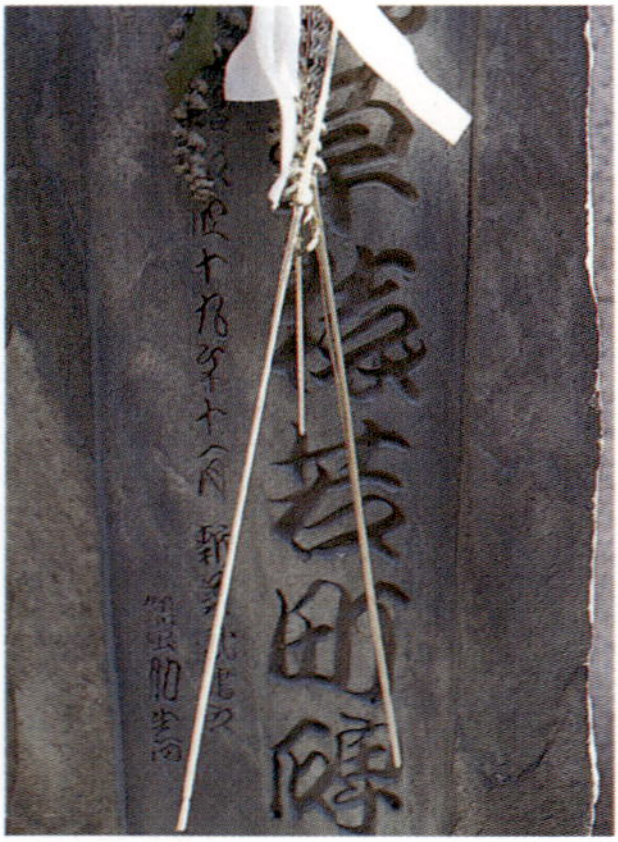

猿若町の碑。今も町の人たちにその名は大切にされ、祭の日は賑わう。

楽しませる。彼らも芝居のサポーターであった。こうして、サポーターと芝居茶屋と芝居町全体が、芝居を支える高度な「もてなし」を実現していたのだった。

当時の芝居は客席も舞台の一部とみなされ、突然客席に橋が作られたり、ほんものの水が使われたり、客席上の空中で役者が打々発《ちょうちょうはっ》止《し》の戦いを繰り広げたりした。手に汗にぎった客たちに芝居茶屋から果物や酒や饅頭が届けられる。食事の時間になると芝居茶屋に帰ってくつろぐ。芝居茶屋では三味線が披露されたり、太鼓持ちが笑わせたりもしていたという。

電灯のない時代であったから、江戸時代の芝居は日の出から日没までだった。芝居がはねるともう夜。役者たちは楽屋で化粧を落と

猿若町（現在の浅草6丁目）。広重が描いた絵（右ページ左）の場所の近くから月を見る。ここは今は仕事の町。夜が更けるとさらに静かになる。

したり食事をしたり、という時間が始まる。茶屋の明かりがつき、客は三々五々、芝居茶屋の者たちに提灯で送られて町を去ってゆく。蕎麦屋《そばや》が通り、子犬が戯《たわむ》れる。満月が空に輝く。

そんな夜を描いたのが、広重の『名所江戸百景』「猿わか町よるの景」であった。ゴッホの『夜のカフェテラス』に影響を与えたともいわれる。

二階屋が立ち並ぶその情景に比して、今は空が狭くなった。いや、このビル街は平日でもあまり人の動きがなく、ひっそりと静まりかえっている。たとえ月が輝いていようと、電線におおわれたビル街の空を誰も見上げはしないだろう。

明日の取引のことや金策を考えながら歩く猿若町は、現代社会の「豊かさ(といわれるもの)」の内実を示している。

浅草寺

猿若町を言問《こととい》通りに抜けて右に曲がり馬道《うまみち》通りを左折すれば、三社祭《さんじゃまつり》をおこなう浅草《あさくさ》神社を通って浅草寺に至る。馬道とは浅草寺に荷を運ぶ馬が通った道だとされるが、私は堀切直人の『浅草』で面白い説を読んだ。

これは『延喜式《えんぎしき》』に見える武蔵国檜前馬牧《むさしのくにひのくまのまき》にまつわる話である。この牧は浅草に開かれた牧場のことであり、馬道はそこへ通じる道だった、というのだ。また「駒形堂」の「駒」が馬を意味することとも関係あるという。檜前というのは、浅草三社祭の「三社」の中のふたり、檜前浜成《はまなり》、檜前竹成《たけなり》のことだ。三社のもうひとりは土師臣真中知《はじのおみのまつち》で、彼は檜前兄弟の主人にあたる。

人類学者の鳥居龍蔵《とりいりゅうぞう》はこの三人が朝鮮半島から畿内に逃れた渡来人で、その根拠は『姓氏録』に見える漢人系の姓と同じだからだという。この渡来人たちは馬を連れ、一寸八分（約五センチメートル）の黄金の観音像を伴って浅草に入植した、とされる。

これは浅草寺縁起として、浅草寺に行っても駒形堂に行ってもよく聞かされる話と一致している。ただし縁起は檜前兄弟が漁師で、隅田川で漁をしている最中に黄金の観音像を入手し、駒形堂あたりにそれを安置したことになっている。いずれにしても八世紀頃の話だ。六世紀から八世紀にかけては、駿河《するが》、甲斐《かい》のほか、相模、上総《かずさ》、下総《しもうさ》、常陸《ひたち》、下野《しもつけ》、武蔵つまり関東一帯に、関西から（おもに朝鮮系の）渡来人が続々と入植してきたことがわかっている。

渡来人は馬の飼育、漁の技術、麻、絹、瓦、文字や画、皮革そして仏教をもたらしたことも、各地の伝承に残っている。土師臣真中知の土師氏が、埴輪《はにわ》、土器、墳墓の技術者であることもよく知られている。そう考えると浅草こそが江戸の濫觴《らんしょう》であり、その浅草の中心は浅草寺と、三人の渡来人を祀った浅草神社ということになる。

しかし堀切直人はさらに、浅草寺が「金龍山」といわれていることから、浅草寺の起源はむしろ待乳山聖天だった可能性を示唆している。ひとつの理由はその待乳山という名称が土師臣真中知に関係するからである。待乳山は真中知の住居跡だとも、墳墓だともいわれており、檜前兄弟がすでに聖山になっていた待乳山に観音像を祀ったという伝説もある。待乳山の聖天はゾロアスター教由来であるともいわれ、それが土師臣真中知の信仰対象であった可能性も捨てきれないという。

そもそも入植伝説において三氏による入植とされている場合、三氏とは三人の個人という意味ではありえない。氏を同じくする（あるいはその氏を核集団とする）三つの集団という意味だ。それが主従関係で表現されているなら、まず聖天を信仰対象とする土師グループが入植して待乳山を拠点とし、その後に観音信仰をもったふたつの檜前グループが入植して浅草寺を拠点とした、と考えるのが自然だろう。

それにしても待乳山は登ってみてもいかにも規模が小さく、聖なる山という感じがあまりしない。しかし、かつて雷門《かみなりもん》、奥山《おくやま》あたりから山谷、待乳山あたりまでは「真土山連山」ともいうべきもっと大きな山であり、江戸時代初期に埋め立て用の土砂を採取するために取り崩されたのだという。しかもここの土は独特の赤土であり、それが今戸瓦の生産に利用されていた。江戸瓦師の祖、中氏彦六も、朝鮮からの渡来人の子孫だという説もある。

そう考えてゆくと浅草はやはり、よそ者の集住する江戸という都市の始まりの場所であり、

浅草寺。浅草にはいろいろな名所があるが、やはりここに人々が殺到。新年の願いが賽銭箱に響く。この群衆と活気は今も変わることがない。

浅草寺の羽子板市。江戸はここにも残っていた。羽根突きをしなくなった今も、押絵羽子板は縁起のよい飾り物。羽子板の海泳ぎゆく江戸男。

浅草寺仲見世の正月風景。江戸時代から「福助」は幸運のシンボル。江戸人の願いと楽天の印が空に舞う。

最初の移民の町であったのだろう。浅草は畿内を中心とするいわゆる「日本」の支配下に治まらない活気をそもそもっていて、それが幾重もの歴史の層の下に埋められている。それが夜の闇の内側からはみ出してくるようだ。

奥山

馬道から浅草寺に入って行くには、二天門《にてんもん》から境内に入ることになる。浅草神社を通り過ぎて浅草寺本堂にぶつかる。お参りしたら私はたいてい裏に出る。そこからずっと西側にかけて、今の花やしきや浅草六区の範囲も含め、江戸時代に「奥山」といわれた芸人たちの溜まり場であった。

山谷、奥山など「山」がつく意味はすでに書いたとおり、この一帯が今より高い山だったからだが、ここには矢場があり、茶屋もあり、楊枝《ようじ》店もあった。芸を見せて薬を売る香具師《やし》や、笛に合わせて曲芸を見せる曲芸師や、蛇遣いや願人坊主など大道芸人であふれていた。奥山のなくなった今でも、浅草寺がほおずき市や羽子板市などさまざまな物売り市の人であふれ、六区に大衆芸能の芸人が集まるのは、こうした背景があるからである。

今の浅草の魅力——それは浅草六区の役者たちの活気であり、香具師の活躍する見世物や売り物や屋台である。それを求めて集まる人たちは、奥山の路地をめぐり歩く。伝法院《でんぼういん》通り、ひさご通り、六区ブロードウェイ商店街、すしや通り、たぬき通り、新仲見世《しんなかみせ》通り、奥山おまいりみち、花やしき通り、そして初音《はつね》小路などなど、奥山には路地がひしめく。なかでも馬券売り場が活況を呈する日には、すぐ前にある初音小路の飲み屋では椅子《いす》が小路にはみ出し、競馬新聞片手におおぜいが昼間から酒を飲んでいる。大衆芸能の劇場には、作り花が山のように飾られ、それはどぎつく華やかだ。

浅草大勝館《たいしょうかん》か演芸ホールか木馬館《もくばかん》か忘れたが、私は一度だけ、かつて文楽人形の遣い手だった人と一緒に入ったことがある。彼は文楽が研修生制度を取り入れた時期に文楽をやめて地方にひっ込んだ。彼の語るかつての文楽の芸人たちの世界はずいぶんやくざなもので、こういう大衆演劇の空気と重なっている。歌舞伎も文楽も国家お墨付きの高級品になってしまった。地をはうようにして生きる人々と縁が切れて久しい。

初音小路から見える馬券売り場は横文字で「ウインズ」と称し、立派で清潔なビルである。花やしき通りのつきあたりには、近代的なホテル、浅草ビューーホテルがそびえる。奥山のいかがわしい魅力的なにおいは、ビルの中にかき消えそうだ。

地図の空白地帯

たとえ高層ビルは増えても、浅草には人を呼び寄せる魔力がある。それは庶民の活気といっ

かつてそこではろくろ首もへび遣いも曲芸も闇の中で輝いていた。

浅草奥山。浅草には「奥山」という場所がある。寺社の奥の見えない所だ。

てもよい。周辺に吉原と芝居町を置きながら、さらにわかりやすい庶民的で安価な芸能がここに育ったからだ。

江戸時代、ここに出入りする大道芸人たちの多くは浅草菊屋橋に住む乞胸頭《ごうむねがしら》仁太夫《にだゆう》を親方にして、下谷《したや》から通ってきた芸人たちだった。非人頭配下の仁太夫は非人頭に冥加金《みようがきん》を払い、吉原裏に住む非人頭・車善七《くるまぜんしち》は、山谷堀の向こうに住む穢多頭・浅草弾左衛門《だんざえもん》に冥加金を払っていた。乞胸頭の住居、非人頭の住居、穢多頭の住居とそれぞれの活動拠点がいずれも浅草にあった。浅草の活気はまさにそこに根源がある。庶民の活気を作り出す人々がいるからこそ、ここはるつぼなのだ。

現在出版されている浅草の古地図には、何も書かれていない空白の地帯がある。山谷堀の東側から長昌寺《ちようしようじ》にかけての細長い一帯である。ここは広大な屋敷を中心に、独立した町を形成していた。その様子を塩見鮮一郎は小説『浅草弾左衛門』で、次のように想像している。

まず「山谷堀に一部分を接して、いかめしくどこまでもつづく板塀《いたべい》が見えていた。それが新町という。小さい門があり、石段が堀にむけておりている」――この新町には船をつけることができたらしい。「さきの板塀につづく瓦屋根の長屋が現われた。その中央が武家屋敷のような長屋門であった」「門の両側には、箱根お関所の大門と同じく、六尺棒を持った男が立っていた」――この門を入ってさらに進むと「鉄門のような造りの中雀門《ちゆうじやくもん》」があって、そこが屋敷の入り口である。入り口の高張提灯《たかはりちょうちん》には丸に十字の轡紋《くつわもん》が入っている。屋敷に入ると弾左衛門は広い板の間に小姓《こしょう》を従えて立っており、裃《かみしも》をつけた家老がふたりひかえていた。何とも豪奢《ごうしゃ》な様子で、町も決して貧しくはない。

この新町は広さ一万四〇四二坪、そのうち屋敷は七四〇坪である。幕末にはこの新町に二三二軒の家があり、その中には湯屋も髪結床《かみゆいどこ》も質屋も呉服屋もあって、完結した町を成していた。牢屋もこの中にあり、弾左衛門支配の犯罪人は小伝馬町の牢屋敷には入れられない。古地図で見てもわかるように、この新町を三〇以上の寺が取り囲んでいた。塩見鮮一郎はこの町がもと堀で囲まれていたのではないかと推測している。あたかも城郭である。

『浅草弾左衛門』は幕末の最後の弾左衛門、第一三代直樹を主人公にした小説だが、弾左衛門の代替わりの折には遠くの地から跡継ぎを迎え、家老をともなって北町奉行に挨拶に行ったことが記されている。浅草弾左衛門は幕府から強大な権限を与えられた一種の役人であり、幕藩体制の一部といってよい。

鎌倉時代にはすでに二八種類の職能の座を統括していたといわれるが、それは確かではない。むしろ江戸幕府の秩序に組み入れられた一大集団であろう。そのなかには皮革を扱う職人や、山谷堀の水で紙の漉《す》き返しをおこなう職人や、各種の芸人たちがいたわけだが、これはすでに見た移民たちの歴史から考えると技術集団である。かつては歌舞伎役者の前身の猿楽師や遊女屋も弾左衛門支配だった。

浅草は古代から、外来の技術者集団で作られてきた。それを考えると、弾左衛門と新町の存在は浅草の核のひとつであり、活気の源であり、幕府とわたりあうための外交装置であり、またこれを幕府の側から見ると支配装置であった。歴史を見つめれば、地図から町の名前を消さねばならない理由は見あたらない。

第三景

隅田川の流れに

柳橋

猿若町の芝居町や浅草寺、吉原遊廓に入るには、柳橋から舟に乗って山谷堀で降りることが多かった。これを山谷堀から逆に行くと、右手に待乳山、花川戸《はなかわど》、遠くに浅草寺の五重塔、駒形堂、そして蔵の列の中に首尾《しゅび》の松を眺めながら、目の前に両国橋《りょうごくばし》を見て右に曲がり、神田川に入って柳橋に至る。

　当時はもちろんのことだが、今も柳橋は何ともいえない情緒があって、唯一の水の都の名残かもしれない。木造の小さな船宿は、実際にそこから宴の船に乗る所として機能しているし、芸者さんたちもここから船に乗る。

　桜の季節には神田川に桜の花びらが流れ、船は川面に満ちあふれる花びらをかき分けな

船宿・佃煮「小松屋」。柳橋に残る数少ない江戸の風情。

柳橋のほとりから隅田川を望む。岸の柳と繋留された船がなつかしい景色。
今でもここの船宿から隅田川や東京湾に船遊びができる。

時代は吉原への猪牙舟、隅田川の涼み舟、向島への花見の舟が発着した。

柳橋から見た神田川。水面の桜の花びらをかき分けながら船がゆく。江戸

がら進む。柳橋はこのあたりのどこよりも、江戸時代である。隅田川のよさを知っているのが柳橋であろう。

両国橋

両国橋については、膨大な文章が江戸時代に書かれている。その白眉《はくび》は平賀源内《げんない》の『根南志具佐《ねなしぐさ》』四之巻だ。源内はここで、橋の下を通るたくさんの舟、橋のたもとの見世物小屋に鳴り響く太鼓や浄瑠璃《じょうるり》、講釈、眼鏡絵の見世物、放下師《ほうかし》（手品師）、西瓜《すいか》売り、虫売り、水売り、ガラス細工売り、飴売り、豆腐屋、餅屋、葉茶屋《はぢやや》、鰻屋《うなぎや》、鮨屋等々のさまざまな音や動きや賑わいや、橋の上を通る人々、そして花火を活写している。まさに両国橋とはそういうところだったろうと、目の前に見るようなのだ。

江戸時代のそんな賑わいからみると、今の両国橋はただの橋である。川開きから三カ月、毎日上がったといわれる花火も、今は一日しか上がらない。隅田川の水は満々としていつ見ても美しいが、今それを毎日満喫できるのはホームレスだけだろう。駒形堂下と両国橋下にはホームレスが居をかまえている。まことに見事な住み処の見つけ方である。

両国橋の賑わいは、かつては橋の西側の両国広小路《ひろこうじ》のものだったが、ここも今はただの平凡な自動車道路である。むしろ隅田川東岸のやや北側、御竹蔵《おたけぐら》の跡に国技館ができ、さらにその

国技館の幟と櫓。国技館は両国橋を渡ってすぐだ。幟が風にひるがえり、櫓太鼓の音が心を浮き立たせる。さすが両国。いつの間にか江戸時代。

東京・府中

両国橋東詰めの隅田川岸から両国橋を見る。絶景ポイントだ。この隅田川沿いにはホームレスの青いテントが立ち並んでいる。朝日夕陽に水が輝く。

東に江戸東京博物館ができて、往時の両国の面影をかろうじてとどめている。江戸東京博物館には、両国橋の小型ジオラマがあって、これは圧巻だ。

相撲《すもう》は江戸時代は、両国橋近くの回向院でおこなわれていたが、そこからあまり離れることなく国技館ができたため、両国ではたびたび相撲取りが歩いている姿を見ることができる。見かけると何やら嬉しい。髷《まげ》と着物で生活を送る彼らこそ、江戸時代を実際に生きる唯一の存在なのだ。歌舞伎に幟《のぼり》が立たなくなった今日、やはり見世物の雰囲気を残している相撲の幟がまぶしい。やっぱりここは江戸である。

深川

国技館から清澄《きよすみ》通りをずっと南に下ると深川に達し、すぐ東が木場だ。

ここは木場。木場はかつて水に囲まれ、水面は木でぎっしりとおおわれていた。その広さ一五万坪。江戸の町の土や不要物つまり塵芥《じんかい》で埋め立てられ、水面とも陸ともつかぬ場所だったという。隅田川の水位が上がると、さらなる水で満たされる……はずだが、今やその面影はどこにもない。どこを歩いてもふつうの町である。塵芥で埋め立てられたとはいっても、今日のようにダイオキシンが出てくるような塵芥ではなかった。畑にもなり、大名の下屋敷《しもやしき》も建てられ、裕福な町人の別荘や妾宅もあった。

深川は広大な木材倉庫のような場所で、それに携わる職人や漁師が暮らし、にもかかわらず江戸の郊外別荘地でもあり、また「辰巳《たつみ》芸者」で有名な粋筋の町でもあったのだ。いくつもの顔をもつ場所、それが深川である。

まず、その水の生活だ。私は泉鏡花《きようか》『三尺角《さんじやくかく》』の主人公が、ここ深川で船上生活する様子を読んで、何だかうらやましくなった。岸から板を渡した舟の中で暮らす与吉《よきち》は木場の木挽《こび》き職人である。隅田川が満潮になると水が生活の汚れをすっかり隠し、川面は陽の光を反射してじつに美しいという。しかし干潮になるとぼろきれや欠けたすり鉢《ばち》や折れ釘や水草がむき出しになる。まさにこれが深川の日常生活だった。

私はミャンマーのインレー湖で、集落すべてが水の上、という生活を見たことがある。家も仕事場も湖の中の柱上家屋にあり、畑も水上に浮かんでいるので、それを耕す人間や牛は胸から下が水につかっている。移動は小さな舟。子供も巧みに舟を操る。人間はそんなふうにも生きていかれるもので、江戸時代の低地の生活はどこでも、これに近かったと思われる。生活の中に水がひたひた浸水してくるのはあたりまえ、という日常であり、それでも困らないように営まれていた。川の船上生活もついこのあいだまでどこにでも見られた光景であり、それが深川となると職人のにおいがして、なかなかいいものである。

だが深川は常夏の場所ではなかった。与吉には病気の父親がいて、そういう身にとっては湿度の高いこの地の暮らしが、どこか陰々滅々とした空気に満ちていただろう。深川の陽気には、この陰気が背景にあったに違いない。

今や木場の木挽き職人の面影を知るには、この『三尺角』と深川江戸資料館しかない。この小説によると、木挽き職人は朝から晩まで大鋸《おおのこぎり》を持って材木を挽くという。その大鋸が深川江戸資料館の木挽き職人の部屋の壁にさがっている。冬には鋸のそばに綿入れの半纏《はんてん》が掛けられる。隣は漁もおこなう船頭の家だ。手紙の反古《ほご》を貼った屏風の近くには漁の網を干してある。

また別の部屋には、アサリの貝殻がぎっしり入った籠《かご》がある。「むきみ屋」という商売があり、貝殻を除いてアサリのむきみを売るのである。江戸の町中の人たちにとって、むきみ売りは行徳と深川から来る、と相場が決まっていた。

塵芥を埋め立ててできたのが木場であったが、その埋め立てが始まったのは元禄《げんろく》一〇年というから一六九七年のこと。深川の漁師町はさらにその一〇〇年前からあった。浅草は古くから住み着いた土地の者たちの町だとすると、深川は江戸時代の初めに摂津《せっつ》の深川八郎右衛門《はちろうえもん》によって埋め立てられた土地だった。いわば新しい入植地である。木挽き職人より船頭や漁師や農民のほうが古い住民なのだ。

深川江戸資料館はこれら、木挽き職人から船頭（漁師）、アサリ・シジミ売り、手習い・三味線の師匠、舂米屋《つきまいや》の通い職人などが暮らす長屋、そして魚油や干鰯《ほしか》（魚肥）を扱う問屋、砂《すな》

深川江戸資料館の江戸を再現した展示。長屋の井戸端、便所とごみため。

同。船宿「相模屋」の設定。中には食器や酒樽、船用火鉢も。

70-71頁　協力：江東区 深川江戸資料館

同。読み書き、裁縫、三味線の師匠おしづさんの家。長火鉢や机があり、簞笥には着物も入る。仏壇は亡夫のため。桃の節句に雛人形を飾る。

村《むら》の農民出身の八百屋、長屋の大家をかねている舂米屋、船宿、水茶屋、そして天ぷらだの稲荷鮨《いなり》だの蕎麦うどんだのの屋台等々、江戸時代の深川の様子が、同じ大きさで体験できるすぐれものの体験型博物館である。

隅田川に面した佐賀町《さがちょう》がそのモデルだという。建築方法も当時を可能な限り再現している。竹と土と縄でできた壁、継ぎ合わせと和釘でおこなった建築、へっついのある土間、土間の上の天窓、裏庭、こけら葺《ぶ》きの屋根、そして蚊遣《かや》りや七輪《しちりん》や行燈などの道具、井戸・便所・ゴミ箱の長屋三点セットや火の見櫓《やぐら》に掘り割り、猪牙舟、といった雰囲気を盛り上げる大道具、さらには夏の雷鳴、冬の夕焼け、洗濯物まで、すっぽり江戸に入り込んでしまう資料館である。

江戸がすっかり消え去った現代の町は車の騒音に工事の轟音、さえぎられて見えない空、コンクリート製の川に囲まれているので、正直ここに入るとほっとする。長屋育ちの私にはどこやらなじみの生活サイズ、地に足のついた人のにおいが、ここにはするのである。しかしそういう空間がまたコンクリートの建物の中にしか作れないのが、今日の東京の現実なのである。

深川江戸資料館は、松平定信《さだのぶ》の墓がある霊巌寺《れいがんじ》の隣にあり、かつてはそこも霊巌寺の敷地内だった。ここは周囲にぎっしりと寺がある。江戸時代はさらに広大な寺社地が広がるところだった。その寺社地を隅田川方向に道一本隔てて、下総関宿藩《しもうさせきやど》（現在の千葉県野田市）久世大和《くぜやまとの》守《かみ》の下屋敷があった。

現在の東京のおもな庭園や公園はそのほとんどが大名屋敷跡である。これもご多分にもれず清澄庭園となった。清澄庭園は大きな池を中心に据《す》えたじつに簡素な庭園で、花がある季節もない季節も心地いい。コンクリートの道などしつらえておらず、時には池の中の飛び石を歩く。大木を誇るのではなく、伊豆の磯石、伊予の青石、佐渡の赤玉石等々、石を配置した「水と石の庭園」である。遠方にビルが見えるのは仕方ないとしても、ここは深川、さほどの巨大ビルに囲まれているわけでもない。空が広々としている。深川江戸資料館同様、江戸時代に戻れる特別な場所だ。

地下鉄でいえば一駅分、南に下って門前仲町《もんぜんなかちょう》には富岡《とみおか》八幡宮と深川不動堂がある。深川が船頭や職人の町でありながら賑わったのは、富岡八幡宮があったからだといわれる。なるほどここは江戸時代には八幡様、永代寺《えいたいじ》、三十三間堂が隣り合っていたところで、今もしっとりとしたいい風情が残っている。浅草がそうであったように往時の信仰の場所は同時に盛り場であった。このあたりの地名が「永代島」であったことから、もとは「島」であったことがわかる。日本の神仏習合の代表である八幡様は、この島に祀られた。その周囲は埋め立てられたが、八幡の社殿と鳥居は今でも、かつての海の方角に向かってそびえている。

ところで、その正面にもう海がないのはもちろんだが、私が驚いたのは、鳥居から八幡様に入ろうとするとその後ろに高々とビルがそびえていることだった。ま後ろだ。鳥居の前に立つとビルが中にすっぽりと入って見え、八幡様を見下ろしている。まるで江戸の神々に代わって天空をそのガラス窓に映し出す、新しい神の君臨のようだ。「富岡八幡？　何それ」という無関心の結果なのだろうか。界隈の反対は少しもなかったのだろうか。江戸時代なら恐ろしくてできないことだろう。何よりこの界隈の雰囲気を壊している。このビルは深川という土地の、大きな変化の第一歩であろう。やがて周辺に次々と高層ビルが建ち、八幡様はその谷間に埋もれるに違いない。

私はパリを思い出していた。歴史を表現するパリの核の部分には高層ビルを建てさせない。高層ビルは周辺の決まった地域にかたまって建てられている。そういう配慮は東京にはない。その象徴に思えた。

鳥居の前の永代通り沿いは深川門前仲町の商店街だ。ここは門前町の賑わいがあり、この道の一本裏には料理屋が並び、昔は花街があった。かつては海側にも一の鳥居があり、そこをこちら側にくぐると仲町だった。『守貞謾稿《もりさだまんこう》』は深川繁昌《はんじょう》の理由として、江戸の中心地からは吉原より深川のほうが近いこと、深川の遊女や芸者は廓《くるわ》の外に出張可能なので呼ぶこともできたこと、を挙げている。深川は品川や新宿同様、岡場所《おかばしょ》だったのだ。岡場所とは幕府非公認（つまり非合法）の遊里で、表向きは料理屋や銘酒屋《めいしゅや》である。

吉原を北国というのも、深川を辰巳（東南）というのも、江戸城から見てのことである。そ

富岡八幡宮の鳥居。向こうに見えるビルは1997年の「江東区まちなみ景観賞」を受賞している。

富岡
八幡宮
ISHIMA
自動車祓所

してこの仲町に辰巳芸者というものがいた。「辰巳からいわせれば、新吉原《なか》はコッテリして、野暮臭く、欲張りで不人情だった。新吉原からいわせれば、辰巳は伝法《でんぼう》で、不行儀で、バラガキだった」（矢田挿雲『江戸から東京へ』）そうだが、これは辰巳芸者が船頭や漁師を相手にしていたからだった。

辰巳芸者は「羽織芸者」ともいい、江戸時代では決して女性が着なかった羽織を、辰巳芸者だけは着たのである。武士のような気概である。吉原と比べ、男性的でいなせな風情が江戸の男に好まれた。いったいに江戸の男は男性的な女性が好きなのである。

「辰巳ゃよいとこ素足が歩く　羽織ゃお江戸の誇りもの　八幡鐘が鳴るわいな」とは伊東深水《いとうしんすい》が作詞した小唄「辰巳よいとこ」の一節だが、江戸に発生した辰巳の気概は近代になってとりわけ、江戸文化の名残のように思われ、大切にされてきたのである。

富岡八幡に背を向けて右手に行くと黒船《くろふね》稲荷があり、左手に行くと洲崎《すさき》神社がある。黒船稲荷はかつて「雀《すずめ》の森」と呼ばれていて、この森を目標に漁師が帰ってきたという。またここは四世鶴屋南北《つるやなんぼく》の晩年の住居があり、ここで亡くなったという。

そういえば『東海道四谷怪談』にちなむ場所が、このあたりに二カ所もある。殺されたお岩の死骸は戸板に打ちつけられ、雑司ケ谷《ぞうしがや》四ツ家町の面影橋《おもかげばし》付近で投げ入れられた。死骸は神田川を通っていったん隅田川に出ると、どういうわけか小名木《おなぎ》川に流れ込んで東に向かう。小名

黒船稲荷。ふとんがよく似合う。闇と日常のないまぜが、鶴屋南北の世界。

木川をしばらく行くと、砂村に隠亡堀《おんぼうぼり》というところがあり、そこに流れ込んだ。そこでは直助《なおすけ》が鰻かきをおこなっており、伊右衛門《いえもん》が釣りをしている。そこに戸板に打ちつけられた小平《こへい》とお岩の死骸が上がるのである。砂村は湿地帯に新田開発されたところで、当時は非常に寂しい所だったらしい。隠亡とは死骸を扱う者のことで、このあたりに江戸時代、火葬場があったという。江戸の川や堀は、さまざまなものが流れ流れているのである。

　さて伊右衛門と対をなす悪人の直助だが、これは実在の人物だった。しかも赤穂浪士《あこうろうし》の討ち入り資金を持ち逃げした医者の中島隆《りゅう》碩《せき》（もと小山田庄左衛門）の奉公人だったころ、主人夫妻を殺害したため処刑されている。この中島の家、つまり直助が暮らした家が、富岡八幡宮、深川不動堂の北側に接した運河（今は首都高九号線となっている）沿いの一角、かつての丸太橋あたりにあったのである。

南北の『東海道四谷怪談』は浅草奥山から始まり、雑司ケ谷、砂村など江戸郊外で展開しながら、その本流は江戸の川をめぐり続けている、そんな物語なのだ。表は『忠臣蔵』、裏はお岩の物語、その裏の流れを、南北はこのあたりに息をひそませながら聞き耳立てていたような気がする。

とはいっても、黒船稲荷は今やアパートに囲まれ、洗濯物と一緒に日常にとけ込んでいる。ここが雀の森だとも、南北の見つめた裏の世界の入り口だとも、今や誰も思わない。

黒船稲荷から東に行くと、洲崎神社（弁天）がある。弁天様が江戸城中の紅葉山からここに引っ越してきて九一年たった一七九一（寛政三）年、この地は津波によって全滅した。ことの深刻さに幕府は五〇〇〇坪あまりを買い上げ、人が住むことを禁じ、波よけ碑を建てたという。その碑が今でも残っている。

明治になると、洲崎界隈に根津の遊廓が移ってきた。根津の近くに東京大学ができたからだ。なるほど、表の日本に不都合だったものは、やっぱりここにたまってきたのかも知れない。ある者にとって不都合でも、別の人々にとって素晴らしいものは、いくらでもある。それは「裏」を形成する。ここは輝かしい裏世界である。

木場で見かけたモダンな夫婦。向こうに平久橋があって、そのたもとに津波警告の碑が立っている。水の町、木場の風情を感じる。

洲崎遊廓の風情を残す建物。戦後もこのあたりには百軒あまりのカフェがあったという。

日本ではないような風景だが、それでも江戸東京は水が美しい。

永代橋から大川端リバーシティ21を見る。ここはかつての石川島、佃島だ。

広重が、今にも急降下しようとする大鷲の視線で描いた名画『名所江戸百景』「深川洲崎十万坪」は、この洲崎が視野に入っている。緊張感あふれた冬景色は、深川が職人や遊女の町であったことを忘れさせる。ここは水をたたえた江戸のオアシスだったのだ。

ところで、深川といえば芭蕉も忘れてはいけない。万年橋の北に芭蕉庵があった。芭蕉は町名主の秘書、名主代を退職し、俳諧の点者《てんじゃ》（判者）もやめてからというもの、もっぱら衣食住を門人に頼って生きていた。人に食べさせてもらってその清貧に満足するのは、出家の本道である。人間、そういうところがなくてはいけない。ここもやはり門人の杉山杉風《さんぷう》の所有する、鯉《こい》の生《い》け簀《す》の番小屋だった。決して優雅な庵などではない。が、芭蕉の木が生い茂って芭蕉と名乗るようになった記念すべき庵である。

向島

向島は深川と同じ隅田川東岸だが、ずっと北に位置する。江戸時代は深川よりはるかに「リゾート地」としての存在感があった。別荘や料理茶屋の中心地である。ところで「向島」というのは考えてみれば、島でもないのにおかしな名前だ。しかしちゃんと理由がある。浅草から隅田川を見ると対岸に島のように見える所があり、それが向こうの島、つまり向島なのである。将軍家の御鷹場があり、水田が広がっていた自然いっぱいの土地で、江戸の人たちから見るととても遠い場所だった。

向島はその土地の利を生かしてやがて花の名所、料理茶屋、別荘で賑わうリゾート地になったのである。さまざまな絵に描かれた向島では、田園に囲まれた料理屋で芸者たちと宴会をしたり、生け簀で育てた魚を食べたり、三囲《みめぐり》神社にピクニックに行ったり、土手や百花園《ひやつかえん》で花を楽しんだり、隅田川で船遊びをしている。もちろん釣り客も多かった。向島での釣りの流行を使って、落語『野ざらし』が作られる。釣りに出かけた向島で見つけたしゃれこうべを供養してやると、それが美女になって現れたという話だが、人里離れた釣りの名所であったことがわかる。

向島は隅田川に沿って三囲神社、長命寺《ちようめいじ》、そして隅田川土手が続く。三囲神社の対岸が待乳山聖天と山谷堀であり、長命寺の対岸が今戸になる。司馬江漢《しばこうかん》の銅版画『三囲景図』は写真のようにリアルな風景画で、まさに三囲が高い土手であり、その下に田圃が広がっている。右に隅田川を見て南の方角を描いている。対岸右手に今戸の瓦を焼く煙が見えている。

一五二〇（永正一七）年ごろからすでに今戸では土器や瓦を焼いていた。三河から茶の湯の土風炉《どぶろ》や土器や火鉢の職人が今戸に入って来たのだという。しかし三〇軒ほどあった今戸焼の家もたった一軒だけになってしまった。その残った一軒のご主人白井靖二郎さんは一〇年ほど前お目にかかった時、とてもいい土人形を焼いていらした。

向島は桜の名所でもある。広重の『名所江戸百景』「真乳山山谷堀夜景」は春の夜空に星が輝いているめずらしい浮世絵だ。隅田川の対岸に山谷の明かりが見える。こちら岸を紅色の蹴《け》出《だ》しを見せて歩いている芸者は、三囲神社あたりを歩いているのだと思う。岸辺に桜の木が見える。私は「向島」と聞くと「桜」と心が応《こた》える。次に桜以外の花、しかも百種類の花だ。

ここは江戸中期までは水田が広がっていただけだったが、木母寺《もくぼじ》や三囲神社や長命寺、白鬚《しらひげ》神社が観光名所となって人で賑わうようになる。吾妻橋《あづまばし》まで行かないと橋はかかっておらず、この橋さえも一七七四（安永三）年にかけられたので、向島への足は渡し舟だけだった。その渡し舟の時代、八代将軍吉宗《よしむね》が一七二五（享保一〇）年、堤に本格的な桜並木を造っている。すでにその前、家綱《いえつな》が堤に桜を植え始めたのだったが、各時代の将軍がそれを受け継いでいったのだ。

江戸時代は桜の時代だといってもよい。桜が群れとなって次々にこの都市に植えられ、それが江戸のインフラのひとつだったのである。次々とビルを建てるだけの政策とは雲泥の差がある。ただし並木造りには、洪水予防という現実的な理由もあった。ちなみに長命寺の桜餅も、隅田川土手の桜の落葉を「もったいない」と塩漬けにして利用したアイデアである。一七一七（享保二）年のことだというから、並木ができる前のことだ。やはりここは桜なのだ。

桜の次に心に浮かぶ百種類の花とは、向島百花園のことである。百花園は骨董屋《こっとうや》を営んでい

向島の花見。江戸時代からずっと続いている。

向島の芸者さん。 花見をさらにあでやかにしてくれる。

た佐原鞠塢《さわらきくう》が、隠居後の一八〇四（文化元）年に膨大な土地を購入して開いたサロンであった。

そのやり方がうまい。いかにも江戸人らしく、自分ひとりで頑張ったりはしなかった。

骨董屋時代に懇意になった文人たちに、梅の樹の寄付を呼びかけたのである。すると最初は一〇〇株から始まった梅の樹が、ついに三六〇株あまりとなって、植物園ができてしまった。百花園というが、じつはその三倍以上の花がここには集まった。そして樹木を寄付した文人たちはここを自分の庭として利用したのである。

門を入るとその上に、幕臣で狂歌連全体のリーダー大田南畝の書いた「花屋敷」の額がかかっている。入って左手には、亀田鵬斎の書いた碑が百花園と佐原鞠塢を賞賛している。漢詩人の大窪詩仏《おおくぼしぶつ》、姫路藩主の弟で画家・狂歌師の酒井抱一、画家の谷文晁、旅館経営者で作家で国学者の宿屋飯盛《やどやのめしもり》（石川雅望《まさもち》）、汁粉屋《しるこや》で戯作者で狂歌師の鹿津部真顔《しかつべのまがお》、秋田藩士で黄表紙作者の朋誠堂喜三二《ほうせいどうきさんじ》こと手柄岡持《てがらのおかもち》——ここはまさに江戸一九世紀のサロン。花や碑を通して、江戸文化の担い手たちに出会うことができるのである。

百花園が素敵なのはこれだけではない。どんなに小さな草花やよく知られた樹木にも、ちゃんと名札がついているのである。しかも百花園特製の花の葉書や便箋《びんせん》や封筒、かわいらしい都鳥の土鈴《どれい》や箸置き、そして江戸時代からの由来のわかる本も売っている。貸座敷もある。向島という別荘地の面白さの名残が、ここでは味わえる。

向島百花園のあやめ。江戸時代は梅の園。今は季節の花々が美しく咲く。

ところで私は、深川や向島のことをここまで書いてきて、少々空しい気持ちになっている。それはこのあたりのことを考えながら寺門静軒《てらかどせいけん》の『江戸繁昌記』をめくり、永井荷風の随筆をちらちらと見ているからである。

荷風は隅田川で泳ぎを教えられたことや、多くの人が隅田川で泳いでいたこと、そして両国から品川あたりまで舟をこぎまわったことを書いている。そのくだりを読むと、手ですくったその水がいかに美しく澄んでいたか、まるで自分の手に触れるように思い浮かぶ。誰かが釣り上げた鮒《ふな》が自分の舟に飛び込み、釣りをしていたその同年齢の少年と親しくなったという。荷風はある時、ニューヨークの公園で彼とばったり出会う。「少年の頃の回想はその時いかに我々を幸福にしたか知れない」（『荷風随筆集』「向島」）と書いた。その「少年の頃の回想」とは、隅田川の水についての回想であった。隅田川の水は荷風を生涯、幸福にしていたのである。女に会いにゆく時も同様であった。「山の手から下町へ出て隅田の水を渡って逢いに行くのがいかにも詩のように美しく思われた」と書いている。こうしてみると荷風は幾度も隅田川の水の「詩」をしたためている。

寺門静軒は洲崎を描いた。茶屋で酒に酔い、その遠浅の浜を歩く。春の霞《かすみ》にふうっと見える天空と海。気も心も晴れ晴れとして酔いは気持ちよく覚めてくる。水鳥がやってくる。漁舟のいさり火が海にただよう。

彼らの遊びを美しくしているのは、女とのつきあいだったのか、贅沢な食事だったのか。いや、江戸の自然だったのである。水や風や季節や月や花だったのだ。江戸の戯作や洒落本《しゃれぼん》や随筆はとりわけそれを描いたりはしていないが、じつは豊かな自然環境は大前提であった。それを抜きにして江戸文化を語るのは、もっとも大事なものを見落としていることになる。

私は深川を歩き向島を歩いたが、自然のもたらす喜びを味わうことができなかった。都心の多くの場所で、彼らの感慨を共有することができない。むしろ私自身の暮らした横浜の長屋や港や海にそれはあり、今暮らしている山のふもとにそれがある。私はこのまま江戸を書いていいのだろうか？

第四景

華のお江戸をもとめて

日本橋

日本橋。ここにはかつて魚市場があった。幾枚もの浮世絵が市場の賑わいを描いている。日本橋は各街道の出発点だが、それだけではない。ものと人がここに集まり、ここから散ってゆく。そういう集散地でもあった。今の日本橋は日本銀行その他の大銀行や企業が並ぶビジネス街だが、同時に老舗《しにせ》の集積地でもあり、それが江戸経済の中心地であった名残をとどめている。

東京の中で江戸の空気をもっとも感じられるのは、浅草と日本橋かもしれない。ビルが立ち並ぶ日本橋のどこに江戸の名残が、と思ってしまうが、やはりそれは老舗にある。いや、老舗にしかない。日本橋という橋そのものは残念ながら、その中に入らない。

私はときどき日本橋に立ってみる。本書の冒頭、小塚原回向院が江戸から東京への変化の象徴だと書いたが、日本橋もまた、変化の象徴つまり近代化の象徴だからである。まずひとつには、魚市場がなくなった。

日本橋の魚市場は芝居町、吉原と並んで一日に千両の金が動いた、とされる。日本橋の風景とはじつは橋そのものであるより、日本橋川と、そこを動く船にあった。押し送り船と呼ばれる船が各地から次々と入ってくる。「川狭く、舟夥《おびただ》し」（寺門静軒『江戸繁昌記』）といわれた。多くの絵に、山のような荷を積む船が見える。米や酒や材木、そして魚である。魚が市場に下

日本橋北詰め、魚河岸跡の碑。その前で昏々と眠るホームレス。

ろされる。市場は人でごった返している。

魚はそこからさらに船で別のところに移動するか、あるいは魚屋が肩にかついで町に売りに出る。魚は足が早い。つまりあっという間に腐る。その前にどうしても売り抜けなくてはならないから、魚屋はいつも急いでいる。急ぐのは魚屋だけではない。旅人が夜明けには日本橋を通って各街道に抜けてゆく。

参勤交代の行列ももちろんだが、行列の混雑を避ける一般旅行者はもっと早く、夜が明ける前にここを急ぐ。ぎっしりと橋上とその周辺を埋め尽くす人、人、人。誰もが急ぎ足でここを通り抜ける。そこに日本橋の活気があった。

ある日、また日本橋に立ってみた。あまり人はいない。誰も急いでいない。走ってもいないし、急ぎ足ですらない。それどころか、ひとりのホームレスが横たわって昏々《こんこん》と眠っていた。江戸と東京の違いといわれて人は、のんびりとした江戸とあわただしい東京と考えるが、じつは正反対のことがよくある。活気のあった場所がいつの間にか寂しい場所となっている。ここの路上には人が眠り、上を見ると空を大きなものがさえぎっている。巨大なコンクリートの塊《かたまり》に空をさえぎられて、日本橋川の水は水色にさえなれないでいる。

船は一隻《せき》も見えない。川ではないかのようで、橋ではないかのようだ。広重の描く水は濃淡を描き分けて、じつに美しい存在感のある水だったが、それは空の色を写し込んでいたからだった。とても同じ水だとは思えない。

よく考えてみれば、この上空に作られた高速道路という道には無数のトラックが通っていて、それはかつて川を通っていた船と同じ役割を果たしている。車は轟音を発して急いでいる。だから同じだ、といえばいえるのだろうか？　生々しい大量の魚が消え、群衆の熱気が消え、水が消え、空が消え、車の轟音がそれらに取ってかわる。まさに「近代的」な「進歩」である。日本橋はその進歩を少しも哀しむことなく、喜んで近代に従った場所であった。日本橋は近代建築の橋としては美しい橋である。とても美しい。が私には、何か大事なものを失ったあとにもたらされた、寂しい美しさに見える。

さて気を取り直して、この橋らしいものを、南から北に渡ってみよう。『熙代勝覧《きだいしょうらん》』という

日本橋川から望む日本橋。橋の上にいると水があることに気づかない。水が暗いからだ。高速道路の下に川は今もとうとうと流れている。

作者不詳の絵巻物が二〇〇〇年にベルリンで公開されて以来、日本橋北詰めから神田今川橋まで、西側の店舗に限ってたいへん詳細にわかるようになった。西側だけというのがかたよりすぎていて、東側だけの絵巻がどこかに存在したに違いない。発見された絵巻は「天」と号されていたので、どこかに「地」があったのである。ふつうに考えるとそれは東側の店の並びを描いた絵巻であろう。一八〇五（文化二）年ごろの日本橋通りを描いたことがわかっている。

そういえば江戸を詳細に記録した図版本『江戸名所図会』は一七九〇（寛政二）年ごろから企画され、一八三四〜三六（天保五〜七）年に出版された。一八世紀末から幕末にかけて、まるで江戸の消滅を予測するかのように、江戸を記録しようとする動きが次々と出てきたのである。『熈代勝覧』もそのひとつであろう。『江戸名所図会』が神田の町名主斎藤家の出資によって作られたように、『熈代勝覧』は日本橋の店主たちによって作られた可能性が高い。

まず日本橋北詰めでは魚市場の活気が橋のたもとにまで及んでいて、魚の立ち売りがあちこちでおこなわれている。木戸を町に向かって入ると、こんどは道いっぱいに野菜の立ち売りがおこなわれている。木戸は江戸の治安の要で、横道の入り口にはことごとく作られ、大通りにも一町単位で作られた。車が主役となった今日の道と違って、道に店がはみ出して営業しているのが面白い。

日本橋から北に、干物や青物を商う叶屋、居酒屋をかねた酒屋の亀田屋、八百屋の万屋、小問物の日光屋、結納品をあつかう万屋、小道具屋の伊勢屋、紙問屋の越前屋、乾物を売る八百屋、味噌の太田屋、菓子の常陸屋、高嶋屋、塗り物問屋の松田屋、西村屋、傘・雪駄《せった》をあつかう嶋屋、さらにかまぼこ屋、八百屋と続き、その隣に小道具屋の「木屋」が三軒も軒をつらねている。この店は向かいに場所を移し、今でも刃物商として営業している。さらに傘・雪駄問屋の河内屋、店名不明と長嶋屋の二軒の小道具屋が並ぶ。小道具屋とは江戸にある諸大名屋敷のさまざまな道具（蠟燭、漆器、小間物）や武士の必需品いろいろ（乗馬用品、塗り傘等々）をあつかう店のことで、どうやら日本橋では武士たちがいいお客さんであるようだ。

さらにその隣には、書物問屋・須原屋市兵衛《いちべえ》の店がある。書物問屋とは、学問や和歌・俳諧などの堅い本を出版する版元のことで、須原屋は江戸に何軒もある大きな系列版元だ。とくに市兵衛の店は知識人武士の客が多い。海外情報の本、内外の地図、西洋医学書、思想書をあつかって出版史に残る仕事をしている。隣は上絵師の家、これは漆塗《うるしぬ》りや諸道具に絵を描く仕事で、このように小道具屋が多ければ必要な人材であろう。その隣は筆墨硯問屋の中村屋、そしていよいよ越後屋《えちごや》である。

越後屋は現在の日本橋三越の一部と三井本館の一部を占めていた。江戸時代のこの通りは多種多様な店が並んでいたが、後に三井越後屋（三越および三井銀行）によってかなりが買い占められ、木屋その他の小道具屋と須原屋、上絵師、筆墨硯問屋等の一町分が現在の三越になっている。

駿河町《するがちょう》の通りをはさんで立っていた越後屋は今の三井本館になっているが、この中にも、江戸時代に並んでいたそろばん屋のさしま屋、糸物問屋の万屋、塗り物の越後屋、大福帳を作る帳面屋の大坂屋、おしろい屋の鎰屋《かぎや》、薬種問屋の福嶋屋、袋物と煙草《たばこ》入れを商う大黒屋がすっぽりと入ってしまった。またそれに並ぶ仏具屋の万屋、薬種問屋の俵屋、萬屋、桐油合羽《とうゆガッパ》を商う二文字屋、仏具屋の西村、きせる屋の中村屋、袋物問屋の丸角屋《まるがくや》、おしろいと紅を商う玉屋は、今の三井新館になっている。三井本館と新館でやはり一町分を買い占めてしまったわけだ。三越と三井本館にはさまれた通りを、江戸時代は「駿河町」と呼んでいて、広重も北斎も幕末の遣日スイス使節アンベールもここを描き、さまざまな江戸図にも紹介されている。ここは江戸の中の富士の名所だったのである。今はもちろん、どこにも富士は見えない。

この駿河町を入って行くと右側に、越後屋の両替部門があった。これが三井銀行の前身となる。さらに進むと幕府の金座があった。貨幣のうち大判小判を鋳造していた場所である。この金座が今では日本銀行になっている。このように、日本橋は江戸時代の店舗（企業）の様子がはっきりとわかり、しかもそれが今につながっている珍しい場所なのである。

越後屋両替部門の裏側、現在郵便局のある場所は、町年寄・樽屋の屋敷であった。また金座の西隣、今の日本銀行の西北隅が、町年寄・奈良屋の屋敷であった。町年寄というのは今でい

旧駿河町。左は日本橋三越本店。かつてはつきあたりに富士山が見えた。

今は刃物店となった江戸時代の刀鍛冶「東源正久」（右）は浅草からここ日本橋へ。明治からの「寿司貞」（左）は魚河岸の近くで今も営業中。

えば東京都知事のようなものだが、江戸時代は行政のトップがひとり、ということはなく、町でも村でも複数いることになっていた。しかも行政の長は武士ではなく、町であれば町人、村であれば村人である。江戸の場合、江戸開府とともに町年寄になった三家がほぼこの仕事を世襲し、それは樽屋、奈良屋、喜多村であったが、三人めの喜多村の屋敷は大通りを隔てて三井新館の向かい角にあった。行政や治安を預かる機能が日本橋に集中していたのである。

ちなみにこの喜多村の屋敷の南側に浮世小路という通りがあり、ここに落語の『百川《ももかわ》』の舞台になった料理屋、百川があった。日本橋の魚河岸《うおがし》の荒っぽい連中が神田明神《かんだみようじん》の祭の相談で昼間から二階に集まっている、という設定である。浮世小路のつきあたりに伊勢堀という堀があって、それが小舟町《こぶなちよう》に流れ込んでそのあたりは蔵が立ち並んでいた。商いの仕入れに、これらの堀が使われていたのである。

開府当時からの和紙・竹製品の商人で、後に歌川国芳《うたがわくによし》の浮世絵を出したり、広重や国芳の団扇《うちわ》を作っていた版元「伊場仙《いばせん》」が、今でも日本橋小舟町四番地で同じ店名で扇子屋をしている。室町《むろまち》には幕府の印判師であった佐々木印店、江戸時代から眼鏡屋として知られていた村田眼鏡舗、果物屋だった千疋屋《せんびきや》、日本橋の南側には後に東急グループになり、現在はコレド日本橋となった白木屋、葉茶屋の山本山、漆塗りの黒江屋、江戸時代には京都の古着商だった高島屋がデパートとなって今も営業していて、まことに日本橋は歴史と老舗ゆえに、かように深く面白い。

さて大通りに戻ろう。日本橋北に延びるこの通りには店だけでなく、棒手振《ぼてふ》りの魚屋、古着屋、おもちゃ売り、菜売り、竹籠売り、煙草売りが歩き、瞽女《ごぜ》や盲目の琵琶《びわ》法師や太神楽《だいかぐら》、読売り、鷹匠《たかじょう》、たが屋、巡礼、猿回し、願人坊主が通り、菓子や食べ物や鮨の屋台が立った。

越後屋を過ぎて薬種問屋やおしろい屋や書物屋を通り、茶漬け屋、蕎麦屋があるあたりに来ると十軒店《じっけんだな》といってよしず張りの雛人形《ひなにんぎょう》屋台が立ち並ぶ。『熙代勝覧』を見ていると、江戸時代の道は人間の賑わいのための道であったことがわかる。車に遠慮しないで自由に歩ける道の、何となつかしいことか。

長崎屋

雛人形を売る大道を通り過ぎて通石町《とおりこくちょう》（現在の日本橋本石町《ほんごくちょう》）の木戸に至る。現在の日本橋室町三丁目の交差点である。この交差点の東北角、ちょうどJR新日本橋駅の地下からの出口あたり約二二〇坪ほどが、長崎屋の敷地であった。長崎屋とは薬種問屋で、長崎から毎年江戸城登城のためにやってくる、オランダ商館長一行の定宿であった。

広重の『狂歌江都名所図会』にその門の様子が描かれ、北斎の『画本東都遊《えほんあずまあそび》』には、その裏窓からオランダ人が外を覗いているところが描かれている。新日本橋駅入り口にはその北斎の絵が掛かっていて、ここが長崎屋跡であることが表示されている。オランダ人たちが現れると江戸っ子たちも興味津々《しんしん》。向かい側の大木に登って中の様子を見ようとする者もいたという。

しかしここは長崎の出島よりはるかに自由に、日本人が入ることができた。西洋医学の幕医、桂川家の医者たちはもちろんのこと、前野良沢《りょうたく》、中川淳庵《じゅんあん》などオランダ語に堪能な学者たちが出入りしていた。

平賀源内は日本で最初に、今や悪名高きアスベスト（石綿）を織った男だが、そのアスベスト片を長崎屋のオランダ人に見せて、「私たちも見たことがない」と言われて喜んだという。彼らは頻繁にここに通いながらアムステルダムで出版されていた医学書や博物学書を購入していた。源内は長崎屋があったおかげで、どうやら当時もっとも多くの蘭書を手に入れていたらしいし、杉田玄白《げんぱく》のグループはここで入手した本をもとに『解体新書』の翻訳作業をすすめた。この翻訳されたものが日本橋の須原屋市兵衛で売られたことを考えれば、日本橋はヨーロッパの窓口であった、といってもいいだろう。

村岡実によると、長崎屋の初代、江原源右衛門は家康とともに江戸に入ってきた人物ではないか、そして長崎出身の貿易商人ではなかったか、という。それから二六〇年間にわたって経営してきたヨーロッパ人専用ホテルは、オランダ東インド会社の江戸参府に終止符が打たれた後、一八五九（安政六）年に鉄砲洲《てっぽうず》に移転して江戸長崎会所御用達商となり、源右衛門はしばらく書籍と鉄砲の輸入販売をしたというが、明治維新とともに店を閉じた。

日本橋は三人の町年寄といい、江原源右衛門や浮世絵販売の伊場仙に至るまで、家康とともに江戸に入った町人たちの築いた町である。浅草がはるか昔、大陸からの入植によってでき上がったのに対して、日本橋は非常に新しい町であった。浅草が漁師の土地であったのに対して、日本橋は最初から物流を基礎とする都会として作られた。

一面では幕府の御用都市であったが、また一面では、それでも町人が一貫して自治をおこなってこられたのも、日本橋商人の賢さと働きゆえであった。三井越後屋の年間収入は大名家の年間収入をはるかに凌駕《りょうが》するものであったが、商人は税金を払う義務はなく、同業者組合が冥加金という挨拶料を払うのみだったので、日本橋商人はますます豊かになった。その働きが江戸文化を作り、江戸の都市を支えたのである。

小伝馬町へ

日本橋北詰めから越後屋も通り越し、十軒店を経て日本橋本石町に至った。長崎屋はかつての本石町（石町《こくちょう》）三丁目にあり、その裏は本石町新道であったが、通称「鐘つき堂新道」と呼ばれたらしいのは、そこに時の鐘があったからである。今は目立たない表示があるだけで、時の鐘はもっと小伝馬町《こでんまちょう》寄りの十思《じっし》公園に移されている。

ところで時の鐘とは何か。私たちは時間を知りたい時には時計を見る。江戸時代の人たちはどうしたか。基本的にはやはり時計を見た。「江戸時代に時計があったのか？」とよく訊かれるが、当時の日本はアジアで唯一時計を使っていたのである。江戸時代ではたとえば「六ッ時」は日の出、日の入りの時間のことである。ところが、日の昇没は毎日変わる。そこで、時計のほうをたびたび調節して、暦《こよみ》の時間に合わせていた。このような調節可能な精巧な時計を「時計師」と呼ばれる人たちが作っていた。

ではなぜ「時の鐘」があるのか。時計は高価であった。大名や大店の商人を除いて、庶民は時計を持っていない。そこで一六二六（寛永三）年から、時計を見ながら鐘で時を知らせた。その最初の時の鐘がこの本石町の鐘である。時の鐘はこの本石町から始まって本所《ほんじょ》、上野、芝、浅草、目白、赤坂、市谷、四谷などに設けられた。月々、住民から鐘つき料金も集めていた。打ち方は、最初三つ打ち、次に時の数を打ったという。

さて私はこの辺を歩く時には、長崎屋跡の裏にまわり、この本石町新道をそのままずっと東に歩くことにしている。一〇分も歩けば時の鐘の実物のある十思公園に着く。十思公園はいつ行ってもおだやかな静かな公園で、高齢者や仕事を失っているような人々がじっと座っている。公園の中には時の鐘が下がっているが、あまり見上げたことがない。まなざしはおのずと下に向けられてしまうからだ。ここは江戸唯一の牢獄跡である。約二〇〇年ものあいだ、あふれんばかりの多くの人たちが収監され処刑されてきた場所である。しかしそういう場所とは思えない静けさに包まれている。

本石町方面から入ると左に十思公園、右に大安楽寺があるが、その両方を含み、さらにその手前の一角も合わせてこのあたり一区画分すべて、約二六一八坪が牢獄として塀で囲まれていた。十思公園の北側はずれにはかつて神田堀があり、水が流れていた。もしかしたら罪人たちは舟で運ばれてきたのかもしれない。平賀源内は殺傷事件を起こし、ここに入れられて亡くな

伝馬町牢屋敷跡の碑。その文字だけが強烈な存在感をもっている。

十思公園。ここも牢屋敷跡だが、桜の季節は花見客の場所取りで賑やか。

った。幕末には吉田松陰や橋本左内、頼三樹三郎のような思想犯も投獄されて、ここで処刑され、そして小塚原回向院に埋葬されたのである。

伝馬町牢屋敷は一六七七（延宝五）年に作られ、明治に入って市谷に監獄ができるまで約二〇〇年間続いてきた。不思議に思うのは、これぐらいの面積で、しかもたった一カ所で、約二〇〇年間牢獄が間に合った、ということである。それには理由がある。江戸時代には懲役刑がなかったからである。

斬首、鞭打《むちう》ち刑、島送り、江戸所払《ところばら》いなどの刑罰を受けるまで、あるいはその罰が決まるまでのあいだ、ここに留め置かれるだけなのである。罪人はあらゆる身分に及び、旗本、武士、神官、僧侶、浪人、町人、農民、無宿人などがいたが、ここに入ってはやがて斬首されるか、あるいは遠国へ去って行ったのである。非常に環境が悪く、収監中に亡くなる者もいたという。

私はここを何度も訪れているが、なぜか小塚原回向院で感じたような哀しさはここにはない。伝馬町の職人や町人たちに囲まれて、ひっそりと大切にお祀りされているからだろうか。

通油町の版元

牢屋敷跡から、江戸通りと人形町《にんぎょうちょう》通りの交差点へ出る。そこに地下鉄日比谷線・小伝馬町の駅があるが、私は地下鉄には乗らずに人形町通りを人形町方向へ南に歩く。交差点から二本目の道を左に折れると、そこがかつての通旅籠町《とおりはたごちょう》であり、一町分を過ぎると、その続きが通《とおり》油町《あぶらちょう》である。ここは銀行がひしめく町で、まがり角ごとに銀行が目印になっているのだが、いつまた名前が変わるともしれないので銀行名は挙げないでおこう。ともかく銀行と銀行のあいだを入って、ビジネス街をひたすら歩くのである。

通旅籠町が終わるあたりに木綿問屋であった大丸があり、通油町に入ると、吉原から移転した蔦屋重三郎と、村田屋次郎兵衛、鶴屋喜右衛門《きえもん》など、輝かしい活躍をした絵双紙屋の版元が軒をつらねていた。この通りは日本出版史上、そして浮世絵史上、最重要な通りである。が、地図上に印をつけておかないとわからない。このあたりの方々は、そんなものがあったことなど少しも意に介しておられないらしく、何も表示はない。

元吉原と芝居町

人形町通りに戻ってさらに南に歩く。人形町の交差点手前、右側、日本橋人形町三丁目一帯が、堺町《さかいちょう》、葺屋町《ふきやちょう》の、「二丁町《にちょうまち》」と呼ばれた芝居町だった。すでに浅草の芝居町・猿若町を紹介したが、芝居町がここから猿若町に移るのは一八四二(天保一三)年のことである。それまで、一六三二(寛永九)年から二一〇年間の長きにわたって、ここ人形町に芝居町があったのだ。

歌舞伎は女性芸人と遊女によって起こったが、一六二九（寛永六）年、幕府は女舞・女歌舞伎を全面的に禁止した。一六三二年、吉原の夜間営業を禁止し、同じ年に猿若座が、ここ葺屋町、堺町に移転して「芝居町」が成立したのである。じつはこのころ、人形町通りを隔ててこの芝居町の向かい側には吉原遊廓があった。すでに一六一七（元和三）年に開設されてから一五年がたっている。この芝居町ができた一六三二年から、こんどは吉原が今の千束に移転する一六五七（明暦三）年までの二五年間、ここ人形町は遊廓と芝居町を抱える一大遊興地だったのである。浅草にはいくらか解説の看板があり、猿若町の町内会は町の名前を守り続けているが、ビジネス街人形町の人々はそんなことは知らん顔で、どこにも何も表示がない。伝統などどこ吹く風で、とりつく島もない町である。

ともかく二一〇年ものあいだ、江戸の歌舞伎はここで育った。世界初の回り舞台が作られたのも、上方歌舞伎に対抗する江戸歌舞伎ができ上がったのも、多くの贔屓が芝居を盛り上げ、数知れないほどの評判記が書き上げられ、スターが生まれたのも、ここ人形町だったのである。平賀源内が見事な文章で歌舞伎をたたえたのも、この人形町である。世界に冠たる芝居浮世絵が誕生したのも、ここ人形町である。写楽が世界に知られる芝居絵を描き上げたのも、ここ人形町においてである。

『江戸名所図会』の芝居町の絵は猿若町ではなく人形町の雑踏である。その絵によると、芝居

歌舞伎座。芝居町はなくなり、国立劇場、新橋演舞場、そしてこの歌舞伎座ができた。今でも積物や提灯が面白い。

美酒
美酒

町のつきあたりには東堀留川《ひがしほりどめ》が流れていて、ここにもたくさんの舟が行き来している。連日、ものすごい賑わいの町であった。ふつうならここに江戸の歌舞伎劇場を再現するだろう。そこまでいかないまでも、少しは葺屋町、堺町の二丁町を顕彰してもいいのではないか。芝居は劇場ではなく町で育ったのだ。町の贔屓がサポーターとなり、地域ぐるみで盛り上げていた。それはすっかり忘れ去られたようだ。

ところでなぜここに遊廓と芝居町のふたつがあったのか、という理由については長くなりすぎるので省く。一言で説明すると、芸能も遊廓も女性たちが担っていた時代があり、それを幕府が強制的に分離し、男性による歌舞伎と女性による遊廓に分けることで悪所《あくしょ》の管理をしたのである。幕府が遊女やかぶき者を追放し、庄司甚右衛門《しょうじじんえもん》が元吉原を開設した。元吉原開設以前、つまり悪所と呼ばれる前に、江戸にはどうやら、船が集まる海辺に面して（現在の八丁堀《はっちょうぼり》あたりと思われる）、芸能と遊廓が一体化した町が作られており、そこでは、能、歌舞伎、勧進舞、蜘《く》舞《も》、獅子舞、相撲、浄瑠璃語りが、日夜おこなわれていたらしい。そこは楕円形のまん中に十文字形で道が通ったため、「轡町」とあだなされたという。

このように、日本橋と浅草は江戸文化の基盤であった。芝居町も遊廓も日本橋から浅草に移り、遊廓はなくなり、歌舞伎は木挽町《こびきちょう》（現在の銀座四丁目）に移った。そして歌舞伎座はいま建て替えの計画がたてられているという。歌舞伎はゆっくりと変わっている。

第五景

川と台地と庭園の地

湯島から神田へ

江戸時代にはさまざまな信仰があったが、菅原道真を祀った湯島天満宮は浄瑠璃・歌舞伎の『菅原伝授手習鑑《すがわらでんじゅてならいかがみ》』でもおなじみで、人気があった。手習い所（寺子屋）には必ず天神の掛軸が掛けられていて、生徒たちは天神講を構成し、二月二五日の講の日には集まって食事をする風習があった。このような講の集まりばかりでなく、大人の俳諧連句の席にも天神が必ず掛けられたのである。

これは道真が代々著名な学者を輩出した家に生まれ、自身も一一歳で漢詩を作って周囲を驚かせ、大陸でもその才能を賞賛され、書の天才でもあり、文章博士となり、ついに学者出身としては異例の出世を遂げたからである。今の天神が受験の神様となっているのは、それにあやかろうというのだろうが、非業《ひごう》の終末を迎えたことは、あやかるうちに入るのか入らないのか、と考えると面白い。

この天満宮がある湯島にはもうひとつ、学問と関係深い場所がある。孔子を祀った湯島聖堂である。かつては幕府直属の教育機関がおかれ、昌平坂学問所、昌平黌《しょうへいこう》ともいわれた。天満宮は賑わってもこちらはあまりひと気がない。私はこちらのほうがひっそりしていて好きだ。練塀《ねりべい》が美しく、建築物も屋根もがっしりと地に足がついている。学問の理念が形として表現さ

湯島天満宮。奉納された無数の受験生絵馬。天神への祈りは今も続く。

湯島天満宮の夫婦坂。男坂、女坂もある。坂はドラマにあふれている。

奉行がおり教官官舎もあって、多くの寄宿生が官費で生活していた。

湯島聖堂の練塀。ここは正式には昌平坂学問所という幕府直属の教育機関。

れているような場所である。

幕府の学問の中心が江戸にひとつしかなかったのは少なすぎる気がする。が、じつは江戸を一歩出るとそれぞれに藩校があり、それとともに大坂の懐徳堂《かいとくどう》、緒方洪庵《おがたこうあん》の適塾《てきじゅく》、シーボルトの鳴滝塾《なるたきじゅく》、荻生徂徠の蘐園《けんえん》、中江藤樹《なかえとうじゅ》の藤樹書院、伊藤仁斎《じんさい》の堀川塾等々の私塾があった。学問は江戸時代を成り立たせる基本中の基本である。武士は学問をすることで、ただの兵隊ではなくなった。戦うことより戦争を起こさないことのほうが重要であり、平和な時代こそ「聖人の世」であることを理解した。江戸時代三〇〇年近く戦争がなかったのは、武士たちが学問したことが大きな要因である。戦争より学問のほうがずっと面白いことがわかるからである。

江戸時代の学問のエッセンスは何か。『論語』にいう「故《ふる》きを温め新しきを知れば、以《もっ》て師為《た》るべし」――温故知新である。「温め」というのは単に温めることでも、保っていることでも、知っていることでもない。熟知し、理解し、心から納得していることである。古典を学び、歴史を学び、深く理解していることである。

しかしそれだけでは人を指導することはできない、という。今のことをアクチュアルに骨身にしみてわかっていることが必要なのだ。これは学問の神髄である。「学びて思はざれば則《すなわ》ち罔《くら》し、思ひて学ばざれば則ち殆《あやう》し」――これも神髄である。知識をため込んでいても思想がなければ何にもならない、といっているのだ。しかし逆に、義憤にかられようと世の矛盾に苦しもうとどんなに多感でものをよく感じ考えようと、知識がなければ危ない、といっている。両方なければ知性とはいえないのである。

彼らはさまざま勉強していたが、知識だけでは意味がないこと、試験に受かって出世しても学問したとはいえないことをこそ、学んでいた。人になるとはどういうことなのか。聖堂の「聖」の意味は、聖人の道を学ぶ、という意味である。哲学を欠いた学問は学問とはいえない。

神田川沿いに

江戸は水の都であった。広重『名所江戸百景』の約八割は、必ずどこかに水が描かれている。それほど江戸の人々は、五感で身近に水を感じていた。神田川は珍しく現在でも、私たちが頻繁に見ることのできる水である。

江戸は最初、北西の高台から南東の日比谷にかけてまっすぐ川の水が海に流れ込んでいた。山地の多い日本の、典型的な川の流れ方である。この、必ずや洪水に悩まされるであろう川の流れを東西の横の流れにつけかえ、日比谷にではなく隅田川にいったん流す。この計画によってできあがった人工の川が、神田川である。縦の流れを横にすることで洪水を避け、その流域にも配水するというこのやり方は、古代から続く日本の治水の方法であったが、江戸時代は大規模な工事で次々と河川のつけかえや運河・水道の開削がおこなわれたのである。

な、都会の深山幽谷の景色だ。水辺に降りられないのが残念。

お茶の水橋から神田川、聖橋を望む。右はJR御茶ノ水駅。東京に残るまれ

運河の開削は洪水の予防だけでなく、江戸城の防衛上の堀にもなり、また舟で物資を運ぶ道にもなった。江戸はもちろんのこと、明治大正ごろの東京の堀はまだまだ、中国の杭州《こうしゅう》かイタリアのヴェニスを見るようだ。堀沿いの家々は船着き場をもち、荷を積んだ小舟が行き来している。堀がどんどん埋め立てられたのは震災後と戦後と、そして一九六〇年代である。

人工の川や水道は、海辺の町である江戸の人々が飲み水を確保するためにも、なくてはならぬものだった。井《い》の頭《かしら》弁天池を水源にした流れを、目白台の椿山《つばきやま》下にある大洗堰《おおあらいのせき》で水位を上げ、四メートルほどの水位差を利用して水道管を通して江戸市中に給水した。まず目白台の関口《せきぐち》から神田川と分かれて水戸藩の小石川屋敷（小石川後楽園《こうらくえん》）に配水された水は、白山《はくさん》通りに沿って南下して神田川と交叉し、さらに南の市中に配水されていった。

お茶の水橋と水道橋のあいだにはかつて懸樋《かけひ》（木造の水道管）があった。これは今ある水道橋とは違う。懸樋の水はそこから市中の地下に入った。道の下に木管などが通り、そこから井戸に配水されて長屋の住民までが水道の水を使ったのである。地下の様子はなかなか見えないが、東京都水道歴史館や江戸東京博物館には、発掘された江戸時代の水道管があり、江戸東京博物館には、地下に埋め込まれて配水される様子を見せるジオラマもある。

一方、神田川は小石川からお茶の水、秋葉原を通って、柳橋より隅田川に流れ込む。この神田川に、聖橋《ひじりばし》というじつに美しい橋がかかっている。これは関東大震災の後にできた新しい橋で、ニコライ堂と湯島聖堂の両方にちなんで名がつけられたという。中央線に乗る人は一度はこのあたり、水道橋からお茶の水を経て昌平橋までの渓谷のような風景に見入ったことがあるだろう。ＪＲ御茶ノ水駅からの風景も、東京にはめずらしい豊かな緑である。

この神田川を年に二回、船上から観察する「神田川船の会」という会があり、船上から見るとこのあたりの景色はさらに渓谷の底のような風情を見せる。この風景は、神田川がもともと山を掘り割って作られたことによる。その山中に高林寺《こうりんじ》という寺があった。鷹狩りの帰りにここに立ち寄った二代将軍秀忠《ひでただ》は、その湧《わ》き水《みず》で飲んだ茶が忘れられず、それで「お茶の水」という地名になったという。そのことを想像しながら通るお茶の水あたりは、また格別だ。

神田明神

湯島聖堂から東北方向に本郷通りを渡ると、そこに「天野屋」という甘酒屋がある。江戸時代から地下の土室《つちむろ》で糀《こうじ》を作り甘酒を商ってきた店で、納豆も味噌も自然な味わいがある。その坂を上がると江戸の総鎮守《そうちんじゅ》、神田明神だ。私は江戸のたくさんある神社の中で、この神田明神が好きだ。ひとつには、朝廷への反逆者、平将門《たいらのまさかど》を祀っているからである。また、日本橋をはじめとする老舗の氏子が多く、品格がありながら庶民的な神社であるからだ。

神田明神といえば神田祭。神田祭は天下祭と呼ばれ、江戸時代は山車《だし》が三六台以上続いて江

神田祭・神輿の宮入

戸城に入り、将軍をはじめ大奥の女性たちまでがこれを見物した。今でも本祭はもうひとつの天下祭、山王社（日枝《ひえ》神社）の祭と交替で二年に一度おこなわれている。

祭の日、朝から晩まで一〇〇基あまりの神輿《みこし》が次々と明神に宮入する。神輿は宮に入ろうとするがまた押し戻され、練っては進み、後退し、また進みしながら汗だくで宮入する。見物とごっちゃになりながら肌をもみ合うような熱気で、神社の中は燃えるような一日になる。どういうわけかこれを一日見ていても飽きない。

しかし祭はどこでもそうであろうが、派手な熱気はその一部でしかない。神田祭もまず祭開催の二日前、白装束姿の神職が雅楽と松明《たいまつ》の光の中、神社の鳳輦《ほうれん》と神輿に御霊《みたま》を移す厳粛な祭儀から始まる。宮入をする神輿も、華やかに行列する鳳輦も形だけではなく、その中には御霊がこめられているのだ。神田明神がお祀りしているのは大己貴命《オオナムチノミコト》（だいこく様）、少彦名命《スクナヒコナノミコト》（えびす様）、そして平将門命である。

神田明神はもともと平将門の首が埋められている大手町にあった。一三〇九（延慶二）年、その力を鎮めるため平将門の御霊《ごりょう》が明神に祀られた。その後、一六一六（元和二）年に神田明神は家康によって今の場所に移転させられるが、この場所は江戸城から見ると「表鬼門《おもてきもん》」にあたるそうで、家康が、朝廷への反逆者である将門を江戸を守る総鎮守としたのが面白い。

祭の前日になると、神田明神の氏子一〇八町会の神輿に御神霊入れの儀式がおこなわれる。

神田祭の諫鼓山車（かんこだし）のえびす様。神幸祭山車の先頭を行く。

芸者の手古舞姿をした女性。男髷に袴の扮装で、鉄棒を引く姿。このあと女神輿が続いて出る。

神田明神の氏子は日本橋をはじめ、大手町、神田一帯、水天宮に至るまで広大な範囲にわたる。神輿は大小合わせ約二〇〇基といわれるが、日本橋三越をはじめとするそのすべてに、神職が御神霊入れの儀式を執り行うのである。この時から神輿は単なる飾りではない。御神霊が入った特別な入れ物なのである。

祭の初日には、大手町の将門塚に神官がお参りする。そして鳳輦や山車が氏子一〇八町を巡り、木遣りがおこなわれる。かつては明神下の芸者衆が男髷《おとこまげ》に袴《はかま》、手甲《てっこう》、脚絆《きゃはん》、わらじを着け、鉄棒《かなぼう》を持って加わった。その時、実際に使われた華やかな衣装や、明神を描いた数々の浮世絵が、明神の資料館に飾られている。二日目には終日、例の神輿の宮入がおこなわれ、祭はさらにその後、献茶式、薪能《たきぎのう》、例大祭と続いて終わる。薪能は江戸時代初期の図絵にも描かれていて、明神の伝統的な行事である。

祭はこんなふうに、始まりから終わりまで長い時間をかけておこなわれるものであり、氏子たちはそれを充分承知のうえ、神社に寄進をし、祭を自らの行事としている。祭は一日限りのイヴェントではない。享受するばかりの催しでもない。参加する者が自分の財産と時間と体力を削り、それを「供犠《くぎ》」とすることによって、共同体に守られる儀式なのである。江戸の祭はまだまだ、祭の神髄を教えてくれる。ちなみに神田明神では「明神塾」という、江戸東京の勉強をする講演会が長いあいだ続いている。ここの氏子には江戸っ子意識が根強く残っている。

柳原土手

神田明神、湯島聖堂、と南に下って電気街をぬけて万世橋《まんせいばし》を渡り、柳原通りを進むと、柳《やなぎ》森《もり》神社という小さな神社がある。ここは太田道灌《どうかん》が鬼門除けとして最初に作った神社だというのだからすごい。とてもそういう所とは思えない庶民的な雰囲気があるのは、あちこちに置かれた狸の像のせいかも知れない。なぜかいつも、暇そうな様子の男性たちが座っている。居心地のいい場所とみえる。

太田道灌は、やはり鬼門除けの意味でここに柳を植えた。それにちなんで江戸時代になると一七〇〇年代の前半（享保年間）、浅草橋まで土手沿いに柳並木が作られたのである。それでここを柳原土手といい、古着屋、古書商、古道具屋がよしず張りの簡易な店をずらりと並べた。江戸時代の戯作などで「柳原土手に行く」といえば、それは古着や古書を買いにゆくという意味である。江戸に出張してきた武士や旅人や庶民で賑わった。

江戸の人々は簡単にものを捨てない。使ったものは売り買いする。質にも入れる。修理もよくする。人が使ったものを買うのも抵抗がない。それだからゴミが少ない。柳原土手はそういうリサイクル生活に貢献してきたが、明治になると土手が撤去され、柳森神社のみが残ったのである。

柳森神社と狸像。江戸時代の柳原土手は庶民のお買い物通りだった。今でもこの神社には、さまざまな人々が集まってくる。

神田白壁町

柳森神社からまっすぐ南へ下って現在の神田駅のあたりまで行くと、そこに神田白壁町《しらかべちょう》（現在の鍛冶町《かじちょう》二丁目）がある。今のこの地帯は、ここで初めての錦絵（カラー浮世絵）が生まれたり、『解体新書』の翻訳がなされたことや、博物学の最先端があったりした土地であるとは、とても信じがたい。

しかし、ここには平賀源内も暮らし、鈴木春信が暮らし、杉田玄白がいたのである。彼らは互いに行き来し、連が構成され、源内の工夫や春信の下絵によって浮世絵はカラー化を遂げた。私は最初に源内論を書く時、多くの文化を生み出したコミュニティとしての白壁町を、さまざま夢想したものだった。

平賀源内は高松藩士をやめて江戸に出てくると、ここ神田白壁町をはじめとして、神田大和町代地《やまとちょうだいち》（現在の岩本町《いわもとちょう》二丁目一六）や高利貸し神山検校《けんぎょう》の居宅だった橋本町（現在の東神田一丁目）に暮らし、そこで殺傷事件を起こして伝馬

錦絵や解剖学が生まれた旧神田白壁町。

町牢屋敷で死ぬ。神田は武士も町人も職人も浪人も混在する、面白い町だった。

江戸時代初めは、鍛冶町には鍛冶職人が、白壁町には左官職人が、紺屋町《こんやちょう》には藍染《あいぞ》め職人が、鍋町《なべちょう》には鋳物《いもの》職人が、連雀町《れんじゃくちょう》にはしょいこ、つまり連尺《れんじゃく》を作る職人が、蠟燭町《ろうそくちょう》には蠟燭職人が、大工町には大工がいた。越後屋や長崎屋が並ぶ道をそのまま北に進むと鍛冶町や白壁町があったわけで、江戸時代当時は職人の町として、日本橋の地続きとしての風格があったはずである。

本郷・小石川界隈

神田明神と湯島聖堂のあいだの本郷通りを、北西に上るとすぐ本郷になる。本郷三丁目の交差点に「かねやす」という小間物屋がある。江戸時代もあり、今もある。最初は医者が経営した歯磨粉屋だったが、その後小間物屋となり今に至る。「本郷もかねやすまでは江戸の内」といわれたのは、ここから南は江戸市中で、火事を防ぐために瓦葺きの屋根が義務づけられたからである。

ということは、ここまでは家並みがぎっしり続く雑踏の町であり、ここから北は郊外なのだ。しかしひと気がなかったという意味ではない。この本郷通りは非常に賑わっていた。北へ行けば日光御成道、西へ行けば中山道になるので、交通の要所だったのである。本郷三丁目の交差点近くに「見送り坂」「見返り坂」という名が残っている。旅する者をこの江戸のはずれまで送ってきたのであろう。「見送稲荷」というものも交差点から西に入った櫻木神社の中にある。

そして江戸時代にはこの交差点から北へ加賀前田家の広大な上屋敷《かみやしき》が続き、さらにその北には水戸藩の中屋敷《なかやしき》が続いていた。現在はこの敷地のすべてが東京大学であり、赤門と三四郎池のみが前田家の名残だ。上屋敷とはいわば公の庁舎で、中屋敷はその補助に使い、下屋敷はプライベートな屋敷である。本郷三丁目の交差点あたりから赤門あたりまでの道沿いは、古地図で見ると町人地だ。この東側には加賀藩御用商人の家が並んでいたのである。

菊坂

交差点を少し北に進むとすぐに、菊坂の入り口になる。江戸時代、ここに真光寺という寺があったが、今はその一部の本郷薬師だけが残っている。本郷薬師は神楽坂《かぐらざか》の毘沙門天《びしゃもんてん》（善国寺）と並ぶ縁日の名所だった。さらにこのあたりは、振袖火事（一六五七・明暦三年）の火元となった本妙寺《ほんみようじ》があったところだ。また、幼少のころの樋口一葉が一時通った私立の吉川学校もあったという。そしていよいよ菊坂に入ってゆく。

菊坂とは、長禄年間（一四五七〜六〇）に町屋になったころ、この一円に菊畑があったことによる。しばらく行くと路地の奥に金魚屋が見えてくる。江戸時代から三〇〇年続く吉田家であ

代将軍家斉の娘・溶姫（やすひめ）が輿入れする際に作られた御守殿門。

東京大学赤門。東大は江戸時代は加賀百万石前田家の上屋敷。赤門は十一

る。今は金魚の釣り堀で、金魚鉢も売り、喫茶店も併設。音楽会も開いている。

金魚は江戸時代、もっとも人気のあるペットだった。一六世紀頃、中国から渡ってきたというが、実際に金魚屋が現れたのは一七世紀末である。吉田家はその初期の金魚屋だったと思われる。当時、金魚は高額で、今の金額に直すと五〇万円ぐらいはした。物語類にも金魚はよく登場する。金魚の池で殺された女性の魂が金魚に乗り移って、らんちゅう人間となって化けて出る妖怪金魚話もある。実用書としては『金魚養玩草《きんぎょそだてぐさ》』があって、飼う人の役に立った。それだけ人々に愛されていたのだ。ガラスの金魚鉢が広まったのも江戸時代である。

菊坂に沿った小径を歩く。ここは不思議な場所だ。歩いていると、外界から遮断されているような気がする。よく見ると右のほうが高くなっていて、まるで谷のようだ。非常に風が強い。かつて、雨が降ると道は水びたしになったという。その閉じられたような雰囲気はどこか居心

吉田晴亮商店（金魚坂）への通り。創業300年の金魚屋。

法真寺。東大赤門の向かいにある。樋口一葉が幼少のころ、両親兄妹とともにこの隣に暮らした。毎年11月23日に一葉忌がおこなわれている。

地よく、時代を一〇〇年ほどさかのぼったように錯覚する。向こうに銭湯の煙突が見え、家々の外には植木鉢が並び、お年寄りがご近所と立ち話をしている。

大正時代に宮沢賢治《みやざわけんじ》がここに暮らして、印刷所で働いていたのだという解説板を読むに至っては、ほんとうにそのころに戻った気持ちになる。小さな路地を左に入ると、鐙坂《あぶみざか》に抜ける急な階段が前に見えてくる。その階段の下に、父を失った後の樋口一葉が、母、妹と、一八歳から二一歳までの約三年間暮らした家があった。

階段の下に草花とともにひっそりたたずむ家の前に立つと、まるで谷底のようだ。ポンプ式の井戸は時間がとまっている。この静かな家で、一葉は小説家への道を歩み出したのだった。

この時期が一葉にとってもっとも苦しく、同時にもっとも、新しい可能性に夢をもっていた時代ではなかったろうか。父が亡くなってから一葉は戸主になる。本来は戸主になるべき兄は分籍していたが、三人は生活できないため、芝の兄の家に居候する。しかし母と兄のあいだでトラブルが絶えない。そこで一葉は母と妹を連れてこの菊坂に越すのである。望んだ教師の道にもつけず、一大決心をして小説家をめざし、半井桃水《なからいとうすい》のところに通ったのもこの家からである。やがてどうにもならなくなった一葉は、駄菓子屋を出すために吉原裏の竜泉に引っ越す。まだまだ、世に知られる傑作を書いた時期ではなかったが、ここには夢がひっそりと咲いているように思える。

菊坂一葉旧居跡。今もひっそりと残る左手の井戸が、一葉がここに暮らしたあかし。鐙坂方面にぬける階段から見下ろしたところ。

階段を上って鐙坂に抜ける。このあたりは狭いところにひしめく急な高低の差が、独特な雰囲気を作っている。三階建ての木造アパートがまだ見られる。菊坂に戻って、一葉がかよったという伊勢屋質店の蔵を見ながら菊坂下の交差点に出る。そこを渡ってこんどは石坂を上る。西片の屋敷街を経て、一葉終焉《しゅうえん》の地、旧丸山福山町に出るためだ。坂の上には旧備後《びんご》福山藩主、阿部家の広大な中屋敷があった。明治になっても阿部家の邸宅があり、半井桃水も一時期、坂の上に暮らした。

一葉は坂の上ではなく坂の下に暮らした。屋敷街を通って新坂を下り、いったん白山通りに出る。少し南に歩くと大きな紳士服屋の入ったビルがある。その後ろの駐車場

一葉終焉の地あたり。崖下の雰囲気がここからでもわかる。

にまわる。と、またもや谷底である。絶壁が迫るその場所に、一葉終焉の地があったという。

ここは江戸時代、下級武士の小さな家がひしめいていたようだ。どういうわけか、明治になるとここには、『にごりえ』に描かれたような銘酒屋が立ち並ぶようになり、一葉の家はその横から入ったいちばん奥の崖下であった。母親が「門のある家に住みたい」と言ったそのとおりに、竜泉での駄菓子屋の事業に失敗した一葉は、追いつめられたままここの、小さな門のある家に引っ越してきた。借金を抱えながら一葉は、後に一流の小説と絶賛される小説群を書いたのである。ここに暮らしたのは二二歳から二四歳までのたった二年半。しかも後半は病床につき、亡くなった。菊坂には夢を感じたが、この崖下は切ない。

菊坂の家もそうだったが、なぜ一葉は谷底のようなところに暮らしたのだろうか、と気になった。むろん貧しさゆえであろうが、しかし一方、「心地よかったのではないか」とも思う。傷ついた動物が暗い場所にもぐり込むように。

伝通院の道

西片の一葉の家を出て白山通りを渡り、西に向かって庶民的な商店街を抜け、善光寺坂を上ると慈眼院《じげんいん》・沢蔵司《たくぞうす》稲荷に出る。ある日、伝通院《でんづういん》学寮の学寮長の夢枕に、ここで学問をしていた沢蔵司が立ち、「私はじつは稲荷大明神である。たいへん世話になったので今後、伝通院の守護神になりましょう」と言って白い狐の姿を現し、消えた。そこで学寮長は沢蔵司稲荷を作ったと、『江戸名所図会』にある。この狐、なぜか蕎麦が好きだという。今でも近くの蕎麦屋が毎日、一番蕎麦を供えにくる。

ここの狐たちは美しく生々しい。立ち並ぶ赤い鳥居、しめっぽい稲荷の奥にぎっしりと祀られた狐の彫像が妖しげな存在感で、何やら好ましい場所である。伝通院は徳川家康の生母お大《だい》の方《かた》の菩提寺《ぼだいじ》で権威のある寺だが、それを守護する沢蔵司稲荷はおかしげでなかなかいい。この狐たちは、近くに火事がある時に予告して歩く、といわれていたそうだ。しかしある時、稲荷そのものが焼失した。樋口一葉はその事件を聞いて「をかし」と批評している。

沢蔵司稲荷はかつては伝通院の敷地内であった。伝通院は、子供時代に母と別れ別れに暮らした家康の、母への思いが凝縮した寺だと思いながら見ると面白い。

伝通院前から南に安藤坂を下りてゆくと、途中に一葉が通った歌塾萩《はぎ》の舎《や》の跡があり、それを見ながらさらにゆくと、牛天神《うしてんじん》（北野神社）という面白い名の天神様にぶつかる。たまたま梅の季節だった。小さな天神様だが、急な階段の上にかわいらしくしつらえられた天神が、じつに梅の花と合う。ここも心休まる場所だ。私はこんなふうに東京を見てきて、いわゆる観光地ではなく、あまり人の行かないこういうひそやかなところに楽天地があるのだと知った。いつまでもいいたくなるいい場所をさらに探したい、という気持ちにさせてくれる。

慈眼院・沢蔵司稲荷の入り口階段の狐の彫刻。奥には無数の狐の作り物。

とうがらし地蔵。咳どめのご利益がある。伝通院前の福聚院の境内に。

白山神社への雪道。白山信仰は加賀からやってきてこの地に根付いた。

意外にも、この小さな牛天神のすぐ近くには、あの広大な小石川後楽園があった。かつての水戸藩邸である。面積約二万坪、中国の学者朱舜水《しゅしゅんすい》の設計、典型的な回遊式大名庭園である。こういう庭園の楽しみ方はたったひとつ、季節をとことん味わうことだ。都会にはなくなった季節を探しに行くと、必ず応えてくれる。とくにここの紅葉は、あきれるほど美しい。こうなると東京もまんざらではない。

しかしそう思えるのは、江戸時代のおかげである。私たちの眼前にあるのはまったくの自然ではなく、人手をかけて切り開かれた自然、四〇〇年にわたって大切に手入れされ続けてきた自然である。儲《もう》け主義となったり、費用を削って手入れを怠ったとたん、これらの自然は崩壊する。我々が意識して保っていかなければ、たちまち消えるのである。

江戸の大名屋敷があったところは小石川後楽園をはじめ、さまざまな庭園公園となっていて、季節を教えてくれる。新宿御苑《ぎょえん》、清澄庭園、戸山公園、六義園《りくぎえん》、占春園《せんしゅんえん》、迎賓館《げいひんかん》と赤坂御所《ごしょ》の全体、旧岩崎邸庭園、有栖川《ありすがわの》宮《みや》記念公園、目黒の庭園美術館を含む国立科学博物館附属自然教育園、池田山公園、明治神宮の一部、日比谷公園、北の丸公園、清水谷《しみずだに》公園など、東京の名園はほとんど大名屋敷跡である。この中の多くが、江戸時代に作られた庭園を、人手をかけて保っている。東京は大阪など他の大都市と比べて緑豊かな大きな公園が多いのだが、それは大名屋敷があったからだ。小石川植物園も、五代将軍綱吉の幼少のころの小石川御殿が後に幕

て、人々が楽しんだ後に楽しむ)」という為政者の姿勢。自然保護も同じ。

小石川後楽園の紅葉。後楽は「先憂後楽（世の人より先に心配して対策をた

府の薬園となったのである。当時の薬は植物なので、その栽培実験園だった。ここには「赤ひげ」で知られた小石川養生所《ようじょうしょ》もあった。

また、敷地内に庭園を含む広大な東京大学をはじめ、青山霊園、上智大学から紀尾井町《きおいちょう》全体、永田町から赤坂エクセルホテル東急にかけて、国会議事堂、霞ケ関《かすみがせき》一帯、六本木ヒルズ、TBSとその周辺、恵比寿ガーデンプレイス、アメリカ大使館、イタリア大使館、慶應義塾大学、国立劇場、市谷の防衛庁、聖心女子大学、清泉女子大学、高輪プリンスホテル・品川プリンスホテル・ホテルパシフィック東京の一帯、目黒雅叙園《がじょえん》、畠山《はたけやま》記念館、八芳園《はっぽうえん》など、大きな敷地を有する施設や大学はほとんどが大名屋敷跡に作られ、挙げればきりがないほどだ。江戸はこれほどまでに、日本全国からやってくる大名家の人々で賑わい、その庭園のために膨大な植木職人が雇われていたのである。

江戸の緑はもうひとつ、寺社が保っていた。しかし寺社の敷地は江戸時代と比べてどこも非常に縮小されている。後楽園から白山通りに出て、ずっと北に行った白山神社も例外ではないが、しかしここはのびやかな神社である。三〇〇〇株のアジサイがあるという。まだ見たことはないが、私はアジサイが好きだ。ぜひ見てみたい。花だけではなく、雪もまた美しいところである。

第六景

風水都市江戸の名残

根津・千駄木界隈

私の父は根津《ねづ》で生まれた。戸籍を追ってみると根津清水町である。今は存在しない地名だが明治の地図には載っている。根津神社の門前町通り西側裏で、現在の根津小学校の東裏になる。住所ではどうやら根津一丁目一五になるらしい。その敷地内のどこであったかはわからない。

江戸時代はこのあたり、下級役人が集住していたがその子孫というわけではない。祖父は新潟の小国《おぐに》から出てきて本郷本富士町や池之端《いけのはた》を転々として根津に落ち着いた。父が生まれて間もなく亡くなっている。父は父親を失った経済的事情から、小学校を出ると、確か「稲門堂」という名の赤門前の本屋で働き始めた。二階の食堂では姉が働いていたという。稲門堂はそのころ早稲田にあった出版社だが、東大前に店を出していたのかどうか、今となってはわからない。

ともかくこの、父の生まれた場所の表通りが根津権現の門前町で、ここに根津遊廓ができた。本郷の大名屋敷や旗本屋敷に出入りする大工たちが通って繁昌したという。明治に入ってますます栄えたらしい。一八八二(明治一五)年に六八八人の遊女がいたという。吉原よりは少ないが、品川遊廓より多い数である。しかし西隣に帝国大学ができたことを理由に、国家政策で一八八八(明治二一)年、深川洲崎に移転させられたのだった。今はその面影もない。そういう門前町がなくなったためか、根津神社は静かな落ち着いた神社である。神田祭、山王祭と並

根津神社のツツジ。江戸時代からの名所のツツジは迫力がある。

んで江戸の三大祭のひとつがこの根津の祭だという人もいる（いやそれは浅草の三社祭だ、という人もいるが）。祭だけでなく、ツツジの名所でもある。

聞くところによると、「根津」という地名は忍岡《しのぶのおか》（上野の山）や向丘《むこうがおか》（根津神社の西側）の付け根の津（港）という意味だとか。海水あるいは湖沼がここまで入り込んでいた、ということだ。土砂《どしゃ》の堆積《たいせき》と海水の後退によって、今のような不忍池《しのばずのいけ》を残すかたちになったのは、室町時代に入ってからだとも推測されている。そのせいか起伏が激しく、周辺にはやたらに坂が多い。弥生坂《やよいざか》と暗闇坂《くらやみざか》は、弥生式土器が発見された旧弥生町への坂である。

根津小学校裏あたりのお化け階段を下りる

向かって右がお化け階段。上がりと下りで数を間違えることからこう呼ばれたとも。

と根津神社に出る。神社の表には権現坂が、神社の裏には根津裏門坂がある。その根津裏門坂から日本医科大学のあいだを抜け、坂を上ると、汐見《しおみ》小学校に出る。その名のとおり、かつてはここから海が見えたのだ。ここを藪下《やぶした》通りといい、森鷗外《もりおうがい》の暮らした観潮楼《かんちょうろう》の横を通ってゆく。観潮楼も海を望む邸の意味である。日あたりもよさそうで、心地のよい高台だ。こうして歩いてゆくと、どこにも水が見えないのに、ここが海にかかわりのあるところだと実感する。不思議なものだ。藪下通りを下り、団子坂に至る。

団子坂はずいぶんゆるやかな坂だが、かつてはもっと急であったらしい。あまりに急なので人がころび、泥で団子のようになるから団子坂なのだとも、坂の上に団子屋があったからだともいう。江戸時代、染井《そめい》の植木職人が菊細工を作って寺で参拝客に見せていた。明治になるとそれが団子坂に移ったので、明治の人にとっては、団子坂といえば菊人形であった。二葉亭四迷《ふたばていしめい》は『浮雲《うきぐも》』で、菊人形の見物客が狭い坂にぎっしりと歩く様子を描いている。森鷗外も『青年』で、左右にびっしり菊細工の小屋があったと書いている。

また団子坂で古本屋をしていた江戸川乱歩《らんぽ》は『D坂の殺人事件』でここを舞台にしたが、そのころはもう、急坂でもなく菊細工の小屋もなく、寂しい坂だったという。いろいろ話題の多い坂だ。団子坂を谷中《やなか》の方に行くと、菊見せんべいというせんべい屋がある。なるほど菊人形見物で人が賑わい、食べ物屋もたくさんできたというが、そのとおりだったろう。

根津の「くし・あげ・どころ　はん亭」。爪革問屋だった大正時代の建物は登録有形文化財。よしずやすだれが美しい。

根津に戻ると木造三階建てのめずらしい建物がある。今は串揚げの店となっているが、もと爪革問屋《つまかわどんや》だったという。下駄《げた》の爪革も必要なくなったが、このような建物もめったに見られない。料理屋になって残ることができてよかった。吉原にはこういう建物が並んでいた。いや、あそこにもここにも、こういう建物があったであろう、と想像をふくらませることができる。根津は江戸時代ではかなりの郊外だが、周辺にこそ、古いよいものが残っていくものだ。

上野

江戸は武蔵野台地の裾の低湿地である。武蔵野台地は荏原台地、麻布台地、麹町《こうじまち》台地、本郷台地、上野台地に分かれていた。分かれていたということは、それぞれの台地のあいだには水が入り込んでいて、大きな沼や川があちこちにあったのである。上野はその字のごとく、不忍池のもとになった大きな沼と、千束池《せんぞくいけ》にはさまれた台地であった。しかし上野に寛永寺《かんえいじ》が創られたころには、もうそのように大きな沼はない。そこでこの上野の山と不忍池を使って、大計画が立てられた。それは、江戸を平安京にしてしまおう、という計画である。

まず比叡山《ひえいざん》を造営して「東叡山《とうえいざん》（東の比叡山）」と名づける。不忍池に弁天島を築いて琵琶湖にする。東叡山寛永寺の入り口は仁王門にし、その横に大仏を造営した。清水観音も作られた。五重塔もある。そしてたくさんの桜を植える。こうして整えられた寛永寺の敷地は、今と

江戸時代、花見客はここを管理する山同心から敷物を借りて花見をした。

桜の上野公園。上野とは草木茂る小高い山の野という意味であるという。

比べものにならないくらい広大だ。何しろ上野の山全体が寛永寺とその関係の施設である。
江戸時代の地図を眺め渡すと、あることがわかる。江戸城をまん中にして、もっとも広大な面積をもつ寛永寺が東北に位置し、しかも浅草寺とのあいだはぎっしりとまた別の寺で埋め尽くされている。つまり寛永寺・浅草寺のかたまりが東北にあるのだ。そして江戸城をはさんでちょうど反対側、南西のほぼ同じ距離に増上寺《ぞうじょうじ》がある。寛永寺ほどではないにしても、江戸時代の寺域は今よりはるかに面積が大きく、芝公園、東京プリンスホテル、東京タワーを入れてもまだ足りない。こうして鬼門である東北とその反対側に巨大な寺をしつらえることで、江戸と江戸城を守っているのである。さらに、増上寺が南にずれているその方向を修正するかのように、外堀に沿って山王社が建てられている。江戸城をはさんでちょうど反対側、同じような距離の、やはり外堀（神田川）近くに、神田明神がひかえている。こんどは寺ではなく神社だ。この神社が江戸の総鎮守といわれ、山王社とともに天下祭をおこなっているのは周知のとおりである。

こうして難しい地形をしている江戸を都市計画によって、風水で守られた平安京と同じ構造に仕立て上げ、同時に江戸城から北斗の方向に日光東照宮を置いた。そのセキュリティ計画の中心はこの上野の山なのである。

江戸はどうやら三重の呪術的セキュリティ構造をもっている。関東全体から見て、北斗を基準にした東照宮と江戸の位置関係、江戸全体を見渡した時の寛永寺・増上寺、神田明神・山王社に守られる構造、そして江戸城と地形とが作り上げる風水構造である。

一般的に、城の正面入り口は大手門と名づけられる。江戸城の場合、その大手門は東側に作られた。東には隅田川が流れている。正面が東にあるということは、背面が西にあるということで、その西に、富士山が見える。そして南の門をあえて「虎ノ御門」と名づけている。これは意図的に作り出した風水構造だ。風水では北（玄武《げんぶ》で表現される）に山が、南（朱雀《しゆじやく》で表現される）に水が、西（白虎《びやつこ》で表現される）に道が、東（青龍《せいりゆう》で表現される）に川がなくてはならない。

江戸は西に富士山を置いているので、そこを北と見立てるために、東に大手門を作ってそこを南と考えることにした。そして南を「虎」と名づけることで、西に見立てたのである。江戸はこのように、自然を利用しながら意図的に計画された都市である。こうして上野は江戸の守り神となり、富士山は江戸のモニュメントとなった。

江戸にとっての富士山

上野の山の東北に入谷《いりや》がある。まさに上野の向こう側の谷あいだったのだろう。そこに小野《おの》照崎《てるさき》神社という社がある。

小野照崎神社の浅間神社例祭。茅の輪くぐりがおこなわれ、富士塚登山も一般開放される。何でも手元に引き寄せる江戸人の知恵だ。

この境内社に富士浅間《せんげん》神社があり、実際に富士から岩石を運んで一七八二（天明二）年に築造した富士塚が鎮座しているのだ。下谷坂本の山本善光という人が入谷の大坂屋甚助とともに造ったといわれ、高さ約五メートル、直径約一六メートルある。現在のものは一八二八（文政一一）年に修復されたものだというが、やはりほんものの富士の溶岩で覆われている。今でも六月三〇日、七月一日の「山開き」に「六根清浄《ろっこんしょうじょう》」と唱えながら登るという話を聞いて、驚いた。富士信仰は江戸時代のものだと思っていたからだ。

富士信仰を背景とした民衆宗教である富士講は江戸時代に起こった。富士の内部には特別な文字で表す父と母が入っており、それはイザナギ・イザナミでもあり、火と水であり、土と金でもあり、この一対が交わって富士山から万物が産み出されたとする。よって「三千大世界我が山の流れ」である、という壮大な創世神話をもつ。開祖は角行《かくぎょう》といい、一五五八（永禄元）年、人穴《ひとあな》（火山の溶岩トンネル）の中に一四センチメートル四方の角柱を立て、その上に千日間立ったままでいた。この人穴には古代から、大河があって菩薩がいると語られてきた。また富士の内部には冥界への入り口があると同時に、「胎内めぐり」をする穴もあり、それは子宮の見立てでもあった。富士は生と死を象徴したのである。

後に油業者・伊藤伊兵衛は自らに身禄《みろく》という名をつけ、財産をなげうって貧者や病人の救済をした後、一七三三（享保一八）年、富士山の七合五勺《しゃく》にある烏帽子岩《えぼしいわ》で断食をおこなって死去する。身禄の死後、布教者たちのあいだに「富士塚」が造られるようになった。富士講は江戸だけで八〇八講あるといわれ、その数だけ富士塚が造られたともいう。一七九五（寛政七）年には、富士講が禁令の対象になるくらい広く行き渡っている。富士塚は東京二三区に五〇山ほどが現存している。江戸の人たちにとって、富士山はただの山ではないのである。

このようなことは知識として知ってはいたが、富士講の信仰者たちが今でもいて、富士塚に毎年登るとは思わなかった。江戸はいろいろなところで生きている。

鬼子母神のアサガオ

地下鉄日比谷線入谷駅近くには入谷鬼子母神《きしもじん》がある。

江戸時代以来、寛永寺からこの近くを通り東北に向かう金杉《かなすぎ》通りという主要道路があって、その道沿いに多くの寺が並んでいた。この金杉通りを東北に歩いて三島神社を右に曲がると、吉原裏の「茶屋町通り」になる。ここは樋口一葉が駄菓子屋を出していた通りで、山谷堀から入るのとは別の、主要な吉原通いの道だった。吉原に入らずにまっすぐ行くとそのまま日光街道となる。

ところで鬼子母神だが、雑司が谷にもあるので、こちらを入谷鬼子母神と呼んでいる。鬼子母神はインド起源。もとは他人の子を奪って食らう夜叉《やしゃ》のことだ。それが転じて安産と産育の

「観音の四万六千日」提灯。浅草寺のほおずき市の日にかかげられる。

入谷の朝顔市（右）と浅草寺のほおずき市（左）。江戸人の園芸好きは今もなお受け継がれている。

守護神となった。形も鬼形と母形の両方がある。日本の信心は、菅原道真や平将門のような御霊でもこの鬼子母神でも、人を困らせる魔や鬼や敵が、祀られることによって守護神に転ずる、という発想がある。人のエネルギーがもともともっている両極の性質を、かかわりの仕方によって変換させるのである。人間関係にも応用できる重要な視点だ。

この入谷の鬼子母神は朝顔市で知られている。江戸時代から江戸では植木市がさかんで、とくに茅場町《かやばちょう》智泉院薬師堂の縁日では植木市が開かれ、江戸の園芸ブームのきっかけとなった。江戸では菊坂の菊畑や新宿百人町《ひゃくにんちょう》のツツジの栽培など、花作りをアルバイトにする武士が多かった。麻布や巣鴨の御家人たちも花を栽培し、代々木、千駄ケ谷の御家人たちは鈴虫やこおろぎを育てて市場に出していたという。しかも時代ごとに人気の花が変わる。元禄のツツジ、正徳のキク、享保のカエデ、寛政のカラタチバナ、文化文政のアサガオ等々。

入谷の朝顔市はいったん途絶えたらしいが復興して続いている。浅草では浅草寺のほおずき市が知られていて、七月一〇日、「観音の四万六千日《しまんろくせんにち》」に開かれる。この日に参詣すれば、功徳は四万六千回参詣したのと同じになる、という意味だ。アサガオは、品種改良しながら変化アサガオを競った。ホオズキはちょっと意味が違う。ホオズキは鬼灯とも書いた。七夕や盆に飾られ、精霊迎えにも使う。提灯にも魂の形にも似ていて、霊の依代《よりしろ》と思われていたようだ。もとは薬用である。それで、魂と結びついたのかも知れない。

第七景

面影橋から牛込へ

協力：神楽坂　馳走　紺屋

面影橋から関口芭蕉庵へ

目白の東、護国寺の西側にも鬼子母神がある。そこから南に下ると高田となり、神田川にぶつかる。神田川沿いに面影橋という橋がある。三ノ輪橋から来る路面電車、都電荒川線に面影橋という駅があり、もうひとつ東にゆくと終点の早稲田《わせだ》の駅だ。

このあたりを見るには荒川線が面白い。私は早稲田から三ノ輪橋まで乗って吉原に行ったことがあるが、東京がまるで違ったように見える。とくにこのあたりはひっそりとした空気が何とも素敵だ。雨の似合う場所である。

さてその面影橋だが、別名姿見橋《すがたみばし》ともいう。鶴屋南北の『東海道四谷怪談』に、「ふたりの死骸、戸板へ打ちつけ、姿見の川へ流してすぐに水葬」という民谷伊右衛門のせりふがある。ふたりの死骸とは、お岩と、たまたまそこに居合わせた小仏《こぼとけ》小平のことである。不義ということにされ、一枚の戸板の表裏に打ちつけられて神田川に流される。それが、川を流れ流れて隠亡堀で出現するのである。その戸板が放り込まれるのがこのあたりである。ただし姿見橋でとは書いていないので、このあたりのどこかで、という想定かも知れない。

しかしそのためには、殺されるお岩の住まいがこの辺でないとおかしい。じつは『東海道四谷怪談』の四谷とは、江戸時代の地名でいう雑司ケ谷四ツ家町のことで、南北はそれをはっき

都電荒川線から。向こうは三ノ輪橋行き。雨が似合う電車だ。

面影橋付近の神田川。春には両岸の桜が美しい。

於岩稲荷を祀る陽運寺。縁結びであったり芸道上達祈願であったり。

り書いている。雑司ケ谷四ツ家町は今の雑司が谷二丁目、高田二丁目あたりにあった。武家の家ばかりあるこのへんにはめずらしく、四ツ家町は小さな範囲の町人地であった。伊右衛門は浪人で、隣家に武士の伊藤喜兵衛が住み、そこの入り婿になって仕官したい、という気持ちをかき立てられる。そういう設定には最適な場所であろう。

さてこの四ツ家町から、左手に阿部家の下屋敷を見ながらまっすぐ坂を下りてくると、左手に南蔵院、右手に氷川神社が現れて、神田川の姿見橋にぶつかる。今でもかなり急な坂である。もしかするとこの坂を下りて神田川に死体を捨てた、という設定だったかも知れない。今でも夜は暗い道だ。この死体遺棄のくだりは、実際に密通して打ちつけられた死体が神田川に流された事件にもとづいている。

しかしそれでは、新宿区の四谷にある於岩稲荷《おいわいなり》はどうすればいいのか。こちらは『東海道四谷怪談』の登場人物のモデルとなった実在の人物、田宮（民谷ではない）伊右衛門とその妻お岩が住んでいたところである。お岩は実際にこの稲荷を信心していたということで、ここが於岩稲荷となった。ベースになった実話は、夫の浮気によってお岩が精神に異変をきたして行方不明となり、その後多くの関係者が次々に亡くなったことから、たたりだと噂された、というものである。田宮伊右衛門は妻を殺してはいない。於岩稲荷は田宮神社という。さらに、この神社の向かいにも於岩稲荷を祀る陽運寺がある。

背筋が寒くなってきたので、神田川沿いを東に進んで関口芭蕉庵に向かおう。右手に関口芭蕉庵、左手に水神社のある急坂をのぼると、左に細川家の下屋敷が現れる。そこは今、旧細川邸の洋館を含む学生寮・和敬塾《わけいじゆく》と、細川家の所蔵品を研究、公開している永青《えいせい》文庫になっている。この細川邸は戦後になっても住まいとして使われていて、細川護熙《もりひろ》氏は幼いころここで暮らしたことがあるという。古いが品格のある洋館で、素晴らしい建物だ。

もう一度、坂ののぼり口に戻ろう。このあたりを描いた広重の絵でもすでにほぼ同じ風情で関口芭蕉庵が建っている。深川芭蕉庵と違い、ここは住まいではなく芭蕉のサラリーマン時代の仕事を記念して建てたものだ。

れされている庭は、湧き水が流れ、竹林があり、自然の草花が残る。

関口芭蕉庵の庭。この空間はまるで江戸時代に戻ったよう。ほどよく手入

神田川のこの場所は「関口」と呼ばれる。江戸時代は非常に重要な場所で、井の頭から流れてきた水をここで分け、段差をつけて配水できるようなしくみにした。第五景で述べた飲み水の道を江戸中に作るためである。伊賀上野で生まれた芭蕉は藤堂藩に仕えていたが、ともに俳諧に励んでいた藤堂蟬吟《せんぎん》の死に絶望して二九歳で江戸に出る。それから五年後、一六七七（延宝五）年、神田上水の浚渫《しゆんせつ》工事に初めて請負人というものが登場した。それが芭蕉であった。

芭蕉はこのころ、町名主代、つまり町名主の秘書のような仕事をしていたのである。その二年後、今まで認められていなかった浚渫の請負が認可されるようになる。芭蕉は一六八〇（延宝八）年までこの仕事をおこない、その間数百人の人足を動かしたという。芭蕉と水道の話は田中善信『芭蕉＝二つの顔』に、非常に面白く書かれている。

ちなみに水道を清潔に保つために「水番人」が要所要所にいて、毎日水量を測り、芥止《あくたど》めにかかっているゴミを掃除していた。水道では魚、鳥を捕ることや人馬が通ることを禁じ、塵《ちり》芥《あくた》の投棄、水浴・洗濯を禁じ、両側三間（約五・四メートル）の下草、苗木を切り取ることを禁じた。また「水銀《みずぎん》」と称して、町入用《まちいりよう》から浚渫請負費用を捻出《ねんしゆつ》していた。町入用は地主が負担したという。水道の管理はたいへんだった。芭蕉のコーディネイター能力は、こういう仕事でも鍛えられていったのである。その後芭蕉は三〇代で隠居して、旅をすみかとする俳諧師になる。

牛込御徒組住居から神楽坂へ

私は飯田橋、市谷で学生時代を過ごし、二〇〇三年三月まで勤め先もそこにあった。飯田橋はなじみの場所なのだから、いつかは大田南畝（蜀山人《しょくさんじん》）が暮らした場所に行ってみたいと思いながら、なかなか行かれなかった。しかし野口武彦『蜀山残雨』が出て、その生き生きとした南畝像に刺激され、急に出かけてみたくなった。

牛込中御徒町《うしごめなかおかちまち》。現在の新宿区中町である。神楽坂の毘沙門様のあたりから西に入り、日本出版クラブの前を通って少し南下する。そこに、江戸時代は「御徒組《おかちぐみ》、御徒方《かた》」と呼ばれ、今は「北町《きたまち》、中町《なかちょう》、南町《みなみちょう》」と呼ばれる地域がある。江戸時代、御徒方の狭い家がぎっしりと並んでいた町だ。大田南畝はその中の、中町の東南の角で生まれ育った。

ここは現在高級住宅地で、江戸時代の面影は何もない。高級住宅地や新興住宅地がどこでもそうであるように、下町に比べるとあまりにもふつうの町である。この高台は箪笥町《たんすまち》、払方町《はらいかたまち》、細工町《さいくまち》、納戸町《なんどまち》、鷹匠町《たかじようまち》、北山伏町《きたやまぶしちょう》、南山伏町《みなみやまぶしちょう》など、都内でもめずらしく面白い町名が残っている地域だ。ここも御徒方町《おかちかた》とでもなっていればずいぶん印象の違う地域になっていたと思うが、今は北町、中町、南町と、名前まで退屈になった。

大田南畝は、江戸中期文化のリーダーでありスターである。一七六七（明和四）年、南畝は満一八歳で『寝惚《ねぼけ》先生文集』を刊行し、それを平賀源内が支持し、評判となる。この作品で「狂詩」というジャンルは初めて、時代の文化を引っ張ってゆく強力な働きをしたのだった。

狂詩は漢詩である。身近な素材と駄洒落《だじゃれ》で面白おかしく書いた漢詩だ。いったいに日本の文学は古代から必ず、「笑い」の側面をもっていた。和歌や漢詩も例外ではない。しかし多くの場合、それは本格的なものの背後で身を縮めながらひとりでくすくす笑っている、という状況であった。しかしその笑いのジャンルが正面に躍り出て文学全体を活性化し、まるで「こっちのほうが本格だよ」とでも言っているかのようになったのが一七七〇年代の江戸であり、それは極端にいえば、大田南畝が出現したからだった。

南畝は狂詩の次に狂歌にとりかかる。満二〇歳の時である。そして狂歌もまた、南畝が加わったことによってがらりと変わった。江戸文化の行方《ゆくえ》は、平賀源内、大田南畝、山東京伝の順番の世代交替によってリードされた、と私は考えている。

ところで御徒組の仕事はいわばガードマン。過酷で低収入であったらしい。南畝も借金を背負っている。くぐり門に杉垣根、二〇〜三〇坪の平屋、三畳の玄関と八畳、六畳、台所、雪隠《せっちん》ぐらいの住まいだったといわれている。その同じような広さと作りの官舎が、ここにずらりと並んでいた。南畝は五五歳までここで暮らした。

少しだけ南に歩いて行くと、最高裁長官の公邸がある。その北部分にはかつて、旗本大久保

牛込の最高裁長官公邸。この敷地内には江戸時代、錦絵を作った粋な旗本の家があった。

神楽坂のシンボル、毘沙門天。賑わう町には庶民的な寺社があるものだ。

甚四郎の屋敷があった。

　ところで大久保甚四郎の俳名は巨川。絵暦《えごよみ》の会の出資者兼主催者で、この会には鈴木春信がいた。つまり、浮世絵版画を初めて完全カラー化したグループのリーダーである。この静かな住宅地が江戸文化活性化の震源地であったとは、とても想像できない。

神楽坂

　牛込という地名の由来は、奈良時代からほんとうに牛の牧場があったことだという。もっと北に坂を上ってゆくと赤城《あかぎ》神社があり赤城元町と赤城下町があるが、これは一六世紀に群馬の赤城山麓から来た豪族の支配地だったからだ。牛込は西の方向に、四ツ家町を含む目白台と高台続きである。そして東に神楽坂がある。神楽坂こそ、このあたり唯一の江戸らしい雰囲気を保っているところだ。

　しかし意外なことに、神楽坂の町の歴史は新しい。神楽坂は毘沙門天の門前町として栄えたところだが、毘沙門天がここに移ってきたのは一七九二(寛政四)年だというから、江戸文化まっさかり、もう大田南畝も四〇代になったころである。そして実際に賑わったのは明治に入ってからだ。料亭や待合であふれ、芸者衆もたくさんいた。しかし料亭の時代が終わったからといって神楽坂は凋落《ちょうらく》したりはしなかった。石畳の路地、下駄屋、蕎麦屋、豆腐屋、甘味屋、

神楽坂のかくれんぼ横町。石畳の路地に黒塀、日本家屋が神楽坂だ。

はひときわ見事。雪の連山も鯉の絵も美しい。銭湯こそ残ってほしい。

神楽坂の銭湯「熱海湯」。幼いころに通った銭湯にそっくりだが、富士山

三味線を聴かせる店、洋風和風それぞれ個性的な店の数々、そして今やほとんど見られない路地奥の和風旅館「和可菜《わかな》」や、江戸時代そのままのような居酒屋「伊勢藤《いせとう》」となると、神楽坂でないと似合わない。私は和可菜に泊まって銭湯「熱海湯」に行ったことがあるが、仕事に行くのも家に帰るのもいやになった。神楽坂には魔力がある。それは路地の魔力ではないかと思う。その路地の奥にある「熱海湯」という銭湯は、見事な富士が描かれたなつかしい銭湯だ。幼いころの記憶の中の銭湯が、実際よりはるかに鮮やかな色彩をともなって夢に出てきたような気がする、そういう銭湯であった。

神楽坂では飲んだり食べたりするだけでなく、滞在することをおすすめする。リゾートホテルとは違った日本の休日がそこにはある。私の生まれ育った下町はもう見る影もないが、それがここに再現されているような気がしてならない。この町の人々は町を活性化しようという意識が高く、落語会や講演会など催し物も多い。落語を見て銭湯に入って居酒屋で酒を飲むのがいい。

第八景

郊外をめぐる

柴又・矢切の渡し

浅草寺とともに神楽坂の毘沙門様は庶民に人気の寺だが、もうひとつ柴又《しばまた》の帝釈天《たいしゃくてん》がある。寅さんで有名になった所だ。この門前町が独特の味わいをもっていることで、今でも人が寄る。しかし寅さんは戦後の人。江戸時代はここは江戸ではなく、武蔵国葛飾であった。

どこまでが江戸なのだろうか？　江戸時代の人々の江戸の境と、私たちの時代の東京の境とは異なる。江戸には墨引きと朱引き二通りの境があるが、その朱引きが江戸の範囲内といっていいだろう。東は隅田川を越えて、荒川流域の四ツ木や平井、北は板橋、千住、西は落合、代々木、南は品川あたりまでが朱引きの範囲になる。そうすると、とても江戸らしい柴又は、現代の東京ではあるが江戸ではなかった。しかし川越など、江戸の周辺に江戸らしい風情が残っているのはよくあることで、ここには柴又帝釈天だけでなく、さらに江戸時代そのままの、素晴らしい風景が存在する。渡し場である。

江戸川という川が流れていて、その河口の行徳《ぎょうとく》は塩田として知られていた。江戸川は上流で利根川と接する。柴又の東、この江戸川に「矢切《やぎり》の渡し」がある。中世にはすでに知られていて、江戸時代に官営になった渡しであった。ふつう近代になると渡し場には橋が架けられ、その風情は消える。しかしここには橋ではなく、渡し場が残っている。じつに貴重な風景だ。

江戸の中心部にも隅田川や日本橋小網町《こあみちょう》など、幾つもの渡しがあって、浮世絵に描かれた。江戸時代ではあたりまえに思える渡し場の光景が絵にも描かれたのは、やはり彼らもそれを美しいと感じたからであろう。今や「水の都江戸」は、ここまでやって来てようやくその美しさを現すのである。やはり江戸を幻視するには、江戸の周囲に行くことが必要である。

王子

江戸の周囲で気になっているところにもうひとつ、王子《おうじ》がある。王子稲荷の社《やしろ》、王子音無川《おとなしがわ》堰《せき》、不動の滝、滝の川《たきのがわ》など、広重が『名所江戸百景』にずいぶん王子を描いているのだ。王子七滝といい、江戸時代は滝の美しさで知られていた。郊外の日帰り小旅行コースであったのだろう。王子の滝遊びは隅田川の舟遊びと並ぶ、夏のレクリエーションだった。

広重が描いた王子の絵で、誰もが忘れられない絵がある。それは『名所江戸百景』最後の一枚、「王子装束ゑの木大晦日の狐火」だ。広重はこの一一八枚のシリーズを、王子の狐火の絵でしめくくっているのである。王子稲荷は関東の稲荷の総元締めだという。だから大晦日には関東中の狐が大榎の下に集まって衣装を着つけ、皆で王子稲荷にお参りしたという。この榎を、なぜ伐ってしまったのだろう。その気持ちがわからない。伐っていなければ名画の場所として、ずいぶんと客を呼んだはずだ。満天の星空の下、闇の中にまっ白な狐と狐火とが無数に延々と

初詣の人々はこうして、舟でお参りする。

江戸川の矢切の渡しの舟。夕陽の美しい川の向こうには柴又帝釈天がある。

続く。星光と狐火とが呼応し、じつに美しく幻想的だ。王子はこういう美しい所だったのである。

　しかし王子の人々もこの伝説を忘れてはいなかった。大晦日の日に王子稲荷は狐の祭をやっている。これもまた不思議な、異世界に入り込んでしまったかのような祭である。

『王子の狐』という落語もある。一方で幻想的でありながら一方で人情のある笑いの世界を、狐は提供してくれた。狐はほんとうにこのあたりに暮らしていて、明治になってもいたという。王子に行くと、狐が好きになる。

　江戸時代の地図では、このあたりが王子稲荷、王子権現、金輪寺と続く広大な寺社地になっており、その東南に飛鳥山《あすかやま》が広がっている。今はその一部が飛鳥山公園となっている。

王子の大晦日に響く狐ばやし。不思議な世界に迷い込んだようだ。

狐行列のお面。王子はかがり火、狐ばやし、そして狐行列で大晦日を迎える。除夜の鐘を合図に装束稲荷から王子稲荷まで多くの狐が歩く。

むろん桜の名所。この桜は吉宗の命令で、植林されたものである。

染井

ソメイヨシノという桜の品種がある。幕末から売り出した品種で、わりに新しい。ソメイヨシノは、上駒込村《かみこまごめむら》の染井で生まれた吉野（吉野桜の略）という意味であった。オオシマザクラとエドヒガンの雑種、といわれているので、交配実験を繰り返して生まれたものであろう。ところで上駒込村は、江戸時代は無量寺の寺社地と藤堂家、建部家、松平家の下屋敷に挟まれた村である。今のＪＲ駒込駅の北西になる。染井は藤堂家下屋敷の北側にあり、多くの植木屋が住んでいた。ともかく、すでに書いたように、江戸には無数の大名屋敷があり、そのすべてに庭園があった。その庭の面倒を誰がみるか。植木屋である。江戸には必要欠くべからざる職人たちだった。

この中に伊藤伊兵衛という植木屋がいた。ツツジとサツキを江戸中に拡め、園芸書も数々書いた植木屋である。大名屋敷の世話だけでいいのなら園芸書の出版は必要ない。しかし江戸時代、園芸はプロのものだけではなく、下級武士や庶民たちも、棒手振りの植木売りや苗売りから、あるいは植木市で鉢植えを買ったり、茄子や豆の苗を買って、庭や玄関前で育てたのである。ひとつの理由は野菜の自給のため、もうひとつは楽しみ、つまり大都会に暮らすにあたっ

西福寺前の桜。染井は植木職人の町だった。こんなにソメイヨシノの美しいところだとは思いもよらなかった。地域の方々の努力の賜物だろう。

ての精神衛生のためである。貧しい下級武士の中には、花の栽培を商売に拡げる者たちもいた。アサガオの品種改良、オモトの栽培競争など、趣味が極まってゆくにつれて、鉢植えにも高い値がつくようになっていった。

ともかく染井はソメイヨシノの発祥地である。今、主流の桜が誕生した町である。数々の品種改良をおこなっていた植木屋たちにとって、桜の品種改良は難しいものではなかったかもしれない。それまで吉野山、嵐山、江戸に植えられていたのは、日本自生のヤマザクラであった。何が違うのかというと、ヤマザクラは四月ごろ赤茶色の新葉を広げ、それと一緒に花が咲くのである。しかしソメイヨシノは、葉が開く前に花が木にぎっしりと咲き誇るのである。葉が邪魔しない桜――染井村の植木職人たちは交配実験によってそれを生み出したという。

駒込の西福寺には伊藤伊兵衛が葬られている。その西福寺の隣に染井稲荷神社があり、西福寺とともにソメイヨシノの里とされている。またJR駒込駅の反対側には六義園があり、ここは柳沢吉保《よしやす》の下屋敷の跡である。庭は吉保自身の設計になる。しかし植木屋の助けがあるからこそ、園芸趣味は生きたのである。

板橋の宿

これらの大名庭園や植木屋のところを通っている白山通りを北西にすすむと、中山道になる。

中山道の入り口が板橋の宿である。父が根津の生まれであることはすでに書いたが、私は子供のころ根津に行ったことはない。祖母が伯父に連れられて板橋に越したので、横浜にいた私は幼いころ、東京に行くといえば板橋に行くことだった。大きな川のほとりにあった平屋の一戸建ての家だった。あれは石神井川《しやくじい》だったのではないかと思う。

新宿、品川、千住、板橋が江戸の四宿《ししゆく》である。新宿にはもう何も見るべき名残はないが、他の三宿はあんがいどこかに宿場のにおいが残っている。千住北組界隈には絵馬屋の吉田屋や横山家などの落ち着いてわびた雰囲気があった。この後に書く品川はまた違った空気がある。そして板橋の仲宿商店街は、宿場跡ならではの庶民的な活気のある商店街である。まさに商店街の中、スーパーのとなりに本陣跡がある。旧中山道はこの町では生活道路なのである。

板橋は広い。中山道沿いの仲宿や板橋本町、その西南を中山道と平行に走る川越街道の上板橋など、見るべき場所はたくさんある。実際に参勤交代には中山道の仲宿も川越街道の上板橋宿も使われた。川越街道には馬つなぎ場跡がある。寺も多く、地蔵、稲荷、神社、庚申塔《こうしんとう》、馬《ば》頭《とう》観音、祠《ほこら》などが続く面白い道である。

旧川越街道から東に入ったところに、轡神社がある。このあたりも馬頭観音や庚申塔がたくさんある。轡神社は、百日咳《ひやくにちぜき》に効き目がある神様として遠くからも信者が来たという。馬《うま》草鞋《わらじ》の片方と麻をもらって帰り、全快すると新しい馬草鞋と麻を奉納した。それにしても生々

板橋・仲宿。多くの宿場町は新しい主要道路から離れて、寂しい町並みか観光道路になっているが、仲宿は活気ある庶民の町となった。

轡神社。義経や家康の轡を祀ったとか。洗濯物を見ながらの気楽なお参り。

馬草鞋。今でも百日咳の神様へ奉納する馬草鞋がぎっしり。

しい草鞋の群れ。人々の願いがそのまま伝わって迫力がある。こういうものがあるのも、宿場ならではなのだ。この旧川越街道が石神井川と交わるあたりが、本来の板橋だったという。

目黒

江戸の境目、西南と南の端が目黒と品川である。初めての黄表紙（江戸時代の漫画本）『金々《きんきん》先生栄花夢《せんせいえいがのゆめ》』では、田舎から出てきた金村屋金兵衛が最初に寄るのが、目黒不動の粟餅屋《あわもちや》、という設定になっていた。目黒に至ると「ここから江戸だ！」という感慨があったからである。目黒は不動の門前町として栄えた町である。谷中感応寺《かんのうじ》、湯島天満宮、目黒不動はギャンブルつまり富くじの許された寺社であり、そういう意味でも人が集まった。

目黒不動は今でも、本堂への石段や滝など江戸時代の風情を残しており、門前町も賑わっている。この周りには諸宗の寺も集まっていて、どこか不思議な空間だ。

目黒川にかかる太鼓橋《たいこばし》を、西から東へ渡ったところに幕末期、細川家の下屋敷と明王院があり、今はそれが目黒雅叙園になっている。このあたりはまさに大名家の別荘地。下屋敷だらけである。池田山公園、畠山記念館、清泉女子大学が大名屋敷跡であることはすでに書いた。目黒雅叙園からＪＲ目黒駅へ至る急な坂は行人坂《ぎょうにんざか》といい、かつて富士見茶屋があったところだ。ここも太鼓橋も広重の『名所江戸百景』に描かれている。行人坂の中腹には、五百羅漢《ごひやくらかん》像の並ぶ大円寺がある。

ここは江戸の外と内のすれすれのところだが、だからこそ江戸らしいものが残るのか。その中でもきらびやかな江戸が、ここには残った。

品川

品川にはもう何もないと思い込んでいた。何しろ広重『名所江戸百景』に見える品川はまるでハワイ。ちょっと努力すれば行かれる距離で、まさに海辺のリゾート。宿場、遊里、一流の料亭、なんでもそろっていた。そんなところがもう日本にあるわけはない。確かになかった。なにしろ旧東海道から海側は、たいへんな面積の埋め立てがおこなわれたからである。今のJR品川駅も、京浜急行品川駅も、東京モノレールも、首都高羽田線も、天王洲《てんのうず》アイルも、江戸時代はすべて海だったのである。

念のため旧東海道を歩いてみた。海からかなり遠い。しかしやはり海辺の町である。広重の時代のように目の前に広い海が開けているわけではないが、至るところに海のにおいがする。かつて東海道は海に沿っていた。海を見ながら歩いた、美しい道であったに違いない。江戸を出る時、江戸に着いた時、この海の道を歩きながら、さまざまな感慨があったことだろう。

まず洲崎《すさき》弁天（利田《かがた》神社）に行った。漁師の守護神であり、航海の安全はここから始まるか

きには深川の鳶が応援に集まる。雪駄の音で、たちまち江戸の空気。

鳶の足元。目黒不動は江戸時代から信仰を集め賑わっている。節分の豆ま

旧東海道の畳屋「畳松岡」。看板は右から読む。このたたずまいがすごい。

畳表の張り替え。かつてはどこでも見られた。いつまで見ても飽きない。

らである。台場小学校のすぐ西にあるが、今や地図にも案内にもめったに載っていない。鯨《くじら》塚《づか》がある。暴風雨のために迷い込んだ鯨をこのあたりの漁師が捕え、大評判になったそうである。海の祈りの神社であることが伝わってくる。広重は『名所江戸百景』「品川すさき」でここを描いている。帆船が何艘《そう》も浮かぶ。海に突き出た素敵な神社であったことがわかる。しかし今は陸地のただ中で、しかも目立たない。

幕末になり、洲崎弁天の海側にお台場が一基作られた。そこは今、台場小学校になっている。台場小学校には台場跡があり、灯台のレプリカが作られている。台場とは艦隊を狙って据えられた人工島の砲台のことで、天王洲アイルのさらに沖にあるあの「お台場」も、その意味である。ペリーが来日した後、伊豆韮山《にらやま》の代官江川太郎左衛門により一一基の台場築造が構想され、五基が完成した。それが今のお台場である。

一九世紀前半には、全国で六〇〇ほどのお台場が作られている。ところでこの品川台場は、江戸時代、桜で有名だった御殿山《ごてんやま》のすぐ下にある。この台場を作るために御殿山が崩され、無惨な姿となった。広重はそれを目撃した。即刻描いて『名所江戸百景』に載せた。都市の環境破壊が、皮肉をこめて「名所」として記録された最初であった。

洲崎弁天からさらに陸側に行くと、旧東海道がある。品川宿場跡もあり、日本橋から二里であることを示す一里塚や、古い寺や、今でも作り続けている畳屋や、料亭の跡など、探せばいかにも宿場の雰囲気が残っている。驚いたことに、建物と建物のあいだから、船溜まりが見える。江戸時代は海そのものが見えたはずだが、今は陸地と埋め立て地とのあいだにある船溜まりを見ることができるのみである。海はないが、海の名残がある。それだけでも嬉しくなる。

品川は遊里としても有名だった。深川とともに岡場所であった。宿場町は目黒川をはさんで南と北にあったが、遊里は北の宿場に栄えた。そこに、外壁が土蔵《どぞう》のように見えたため「土蔵相模」と呼ばれた旅籠屋の跡がある。広重が『名所江戸百景』「月の岬」で描いた料亭はここだという説もある。この絵は料亭の二階から描かれた絵だが、目の前に満月の海がぱっと開けている開放的で気持ちのよい絵だ。海には船が相当数、浮かんでいる。遊女の影や芸者の後ろ姿がちらりと見え、煙草入れが無造作に置かれ、廊下にはお銚子《ちょうし》や箸が散らばっている。相模屋の宴会後、客は浜辺に出たと思われる。静かで幻想的で美しい。江戸はこういう自然の上に文化を作った都市であったことが、心底わかる。

少し内陸に行くと品川神社がある。江戸時代は天王社稲荷と呼ばれた神社だ。御殿山の一角のかなり高台にあり、かつてはここから海が見渡せた。驚いたことに、ここにも立派な富士塚がある。階段を上って登山できる。神楽で知られた神社らしく、舞台もあって祭のたびに見ることができるという。今は海は見えないが、富士の頂上から海を空想できる神社である。

洲崎弁天。ここはかつて海に張り出していたが、今は内陸。

「土蔵相模」跡の裏側から海方向を望む。向こうに船溜まりがある。

歌川広重画『名所江戸百景』「月の岬」。江戸時代は目前が絶景の海。

鈴ヶ森

品川の宿場および岡場所は、海の中にあったはずの品川駅より南、今の京浜急行新馬場駅の周辺になる。そしてさらに南に下ると、京浜急行の大森海岸の少し北に、鈴《すず》ヶ《が》森《もり》の刑場跡がある。ここは江戸時代は海辺だった。今はその海辺が埋め立てられて大井競馬場になり、さらに沖が埋め立てられて大井埠頭《ふとう》になっているので、鈴ヶ森に行ってもあまり海のにおいはしない。

鈴ヶ森は一六五一（慶安四）年に開設されたお仕置き場である。今でも穴があいた石の台が、いくつか残されている。その穴に背丈ほどの角柱を立てて上部に縛りつけて刺し殺したのだ。また火あぶり台の穴もある。穴に鉄柱を立て、足の下に薪を積んで火をつけて焼き殺したという。敷地内には供養塔も多くある。

ここは鶴屋南北の歌舞伎『浮世《うきよ》柄《づか》比翼《ひよく》稲妻《のいなずま》』の舞台として有名なところで、後にここで処刑される白《しら》井《い》権八《ごんぱち》が、侠客の幡随院《ばんずいいん》長兵衛《ちょうべえ》とこの鈴ヶ森で出会う場面がひとつの山場になっている。このふたりは実在の人物をモデルとしているが、彼らが死んだ年代は、実際には三〇年ほど隔たっている。芝居の設定では、夜はとにかく暗く寂しいところだったようだ。しかし柱を立てる穴は生々しいが、小塚原に比べるとても開けた明るい刑場である。これは鈴ヶ森が海辺であったことと関係しているかもしれない。

鈴ヶ森・刑場跡。細長い敷地で、その中に夏みかんがなっていた。いかにも暖かい海辺の街道のように見える。

千住小塚原回向院から始めたこの本は、鈴ヶ森の刑場で閉じるのがもっともふさわしいだろう。江戸は周到に秩序を作り上げていった都市である。大手門の位置をずらした城の設計、寛永寺と増上寺の対応、神田明神と山王社の対応についてはすでに述べた。

さらに外側には、吉原遊廓、品川の遊里があり、吉原で北を、品川で南を守っていたことになる。遊女はこの場合、観音菩薩である。同時に、差別されてきた民である。被差別民といえば、浅草には弾左衛門という穢多頭がおり、車善七という非人頭がいた。そして品川には松右衛門というもうひとりの非人頭がいたのである。品川寺《ほんせんじ》の近くに六五五坪の屋敷を持ち、その地続きに非人溜まりがあったという。

そして吉原や新町の外側に千住小塚原があるように、品川遊里の外側に鈴ヶ森があったのである。千住小塚原で絶たれた命は隅田川に解放されてゆくように感じたが、鈴ヶ森で絶たれた命は太平洋に解放されてゆくのであろう。

江戸は確かに周到に作られた都市であったが、閉じられた都市ではなかった。人はここを出ては入り、入っては出て、自らを新たにした。江戸に暮らすということはそういうことであったろう。私にとって東京に暮らすということは、そのようにして生きていった人々に、再び出会うことである。死者と再会することである。そうすることによって、今に生きるこの思いを見つめ直す、ということである。

あとがき

この本は写真の本である。石山貴美子という希有な写真家が撮った東京に、いったん死んだはずの江戸を呼び戻すための本である。しかし私は石山貴美子の写真を見ながら、もうどこにもないと思っていた江戸があまりにも生々しく生きているので、言葉を失った。ほんとうは何も書くことはない。写真を見てくださればそれでいい。写真を見ながら書きながら、何度そう思ったか知れない。

しかし書き進めるうちに、土地にへばりついているような江戸の記憶が何とも妖しく、簡単には消えないようなもので、東京の襞《ひだ》という襞に入り込んでいることに気づいた。それは不連続で途切れていて不完全だが、生々しく確実で、盤石《ばんじやく》なものであるように思える。きっとまだ何かが見えていない、と思うようになった。あるのに見えていない記憶がまだまだあるのだ。それは人の記憶なのか、土地の記憶なのか。

たとえば半纏を着る。てぬぐいをかぶる。そんなささいな行為の中に、決して消えない行動の方法が潜んでいて、それを写真はとらえてしまう。しかしそれがどこから来たものなのかわからない、なんていうことがある。ほおずきや朝顔や雪や桜の中に、塀や玄関や看板の様式の中に何かが潜んでいて、それが今の東京を成り立たせているとしたら、それは何なのだろうか？

写真はその一瞬をとらえてしまう。歴史の証人となる。私はその中に、何かとんでもないものを見ている。まだまだ言葉にならないものがある。そんなじれったい思いを抱きながら、本書を終わらせることになった。しかしそれがいつか、次の歩みにつながることを祈っている。

何よりも石山貴美子さんに、一緒に仕事させていただいたことをお礼申し上げたい。多くのことに気づかされたからである。そして石山さんに引き合わせてくれて、またいつものように完璧に資料を準備してくれて、そのうえ行動をともにしてくれた編集者の原八千代さんに、今度もまた、深く深く感謝している。

そして私たちの本作りを背後から強靭に支え、最後まで支援してくださった集英社の椛島良介氏に、何よりもの感謝を捧げたい。

田中優子

二〇〇五年八月吉日

柴又→
王子
北千住
京成本線
埼京線
千住大橋
千住
荒川
板橋
飛鳥山公園
都電荒川線
三ノ輪橋
南千住
隅田川
染井稲荷神社
常磐線
小塚原回向院
向島
巣鴨
田端
浄閑寺
六義園
日暮里
向島百花園
池袋
千駄木
鬼子母神
白山
寛永寺
入谷
待乳山聖天
鬼子母神
小石川
根津
上野
上野
浅草寺
雑司が谷
伝通院
浅草
駒形堂
面影橋
関口芭蕉庵
小石川後楽園
本郷
湯島
江戸東京博物館
高田馬場
早稲田
神田川
神田明神
柳橋
神楽坂
両国
総武線
善国寺
御茶ノ水
秋葉原
両国
中央線
神田
両国橋
新宿
市ヶ谷
日本橋川
日本橋
清澄庭園
四谷
深川江戸資料館
新宿
皇居
日本橋
於岩稲荷
四ツ谷
東京
永代橋
深川
木場
富岡八幡宮
銀座
黒船稲荷
日枝神社
新橋
佃
青山
六本木
潮見
増上寺
京葉線
渋谷
浜松町
晴海
ゆりかもめ
芝
豊洲
麻布
田町
りんかい線
白金
山手線
目黒川
京浜東北線
東京モノレール
台場
目黒
目黒
品川
東京港
目黒不動
五反田
品川神社
品川
品川寺
荏原
大井町
N
馬込
鈴ヶ森刑場跡
大森
0
2km

『江戸を歩く』地図

【引用・参考文献】

第一景
『江戸東京重ね地図』エーピーピーカンパニー　二〇〇一年
平岡正明『大落語』下　法政大学出版局　二〇〇五年
田中優子『江戸はネットワーク』平凡社　一九九三年
石井良助『江戸の遊女』（第二江戸時代漫筆）明石書店　一九八九年

第二景
田中優子『江戸の恋』集英社新書　二〇〇二年
田中優子『樋口一葉「いやだ！」と云ふ』集英社新書　二〇〇四年
今泉みね『名ごりの夢』（東洋文庫）平凡社　一九六三年
堀切直人『浅草　江戸明治篇』右文書院　二〇〇五年
台東区史編纂専門委員会『台東区史』全六巻　台東区　二〇〇二年
塩見鮮一郎『浅草弾左衛門』全六巻　小学館文庫　一九九八〜九九年
塩見鮮一郎『江戸の非人頭　車善七』三一新書　一九九七年
『近世の被差別部落』（歴史公論ブックス）雄山閣出版　一九八一年
塩見鮮一郎・中尾健次ほか『弾左衛門制度と賤民文化』批評社　一九九二年
野間宏・沖浦和光『日本の聖と賤　近世篇』人文書院　一九八六年
その他、弾左衛門関係の本は多数出版され、研究が積み重ねられてきた。

第三景
平賀源内『根南志具佐』(日本古典文学大系)『風来山人集』所収　岩波書店　一九六一年　その他
『鏡花全集』全二八巻　岩波書店　一九四〇～四二年
喜田川守貞『近世風俗志（守貞謾稿）』全五巻　岩波文庫　一九九六～二〇〇二年
『鶴屋南北全集』全一二巻　三一書房　一九七一～七四年
鶴屋南北『東海道四谷怪談』岩波文庫　一九五六年　その他
矢田挿雲『江戸から東京へ』六・七　中公文庫　一九九九年
石川英輔・田中優子『大江戸ボランティア事情』講談社文庫　一九九九年
寺門静軒『江戸繁昌記』全三巻（東洋文庫）平凡社　一九七四～七六年
永井荷風「向島」『荷風随筆集』上　岩波文庫　一九八六年
第四景
浅野秀剛・吉田伸之編『大江戸日本橋絵巻「熙代勝覧」の世界』講談社　二〇〇三年
『日本橋繁昌絵巻の世界・熙代勝覧』CD-ROM 江戸東京博物館　二〇〇三年
『江戸名所図会』全六巻　ちくま学芸文庫　一九九六～九七年　その他
第五景
田中優子『江戸の想像力』ちくま学芸文庫　一九九二年
『全集樋口一葉』小学館　一九九六年
第六景
二葉亭四迷『浮雲』岩波文庫　一九七二年　その他

森鷗外『青年』岩波文庫　一九六九年　その他
江戸川乱歩『D坂の殺人事件』(江戸川乱歩文庫)春陽堂書店　一九八七年　その他
内藤正敏『魔都　江戸の都市計画』洋泉社 一九九六年
内藤昌『江戸の町』上・下　草思社　一九八二年
その他、江戸の構造、都市計画についての本、古地図は多数ある。

第七景
『鶴屋南北全集』全一二巻　三一書房　一九七一〜七四年
鶴屋南北『東海道四谷怪談』岩波文庫　一九五六年　その他
田中善信『芭蕉＝二つの顔　俗人と俳聖と』講談社選書メチエ　一九九八年
野口武彦『蜀山残雨』新潮社　二〇〇三年
『大田南畝全集』全二一巻　岩波書店　一九八五〜二〇〇〇年

第八景
恋川春町『金々先生栄花夢』(日本古典文学大系)『黄表紙洒落本集』所収　岩波書店　一九五八年　その他
『鶴屋南北全集』全一二巻　三一書房　一九七一〜七四年

全体
歌川広重『名所江戸百景』岩波書店、集英社『浮世絵大系』など

田中優子（たなか・ゆうこ）

一九五二年横浜生まれ。法政大学社会学部教授（近世文化・比較文化）。著書に『江戸の恋』『樋口一葉「いやだ！」と云ふ』（集英社新書）、『江戸の想像力』（ちくま学芸文庫）ほか多数。『江戸百夢』（朝日新聞社）で芸術選奨文部科学大臣賞、サントリー学芸賞受賞。〇五年紫綬褒章受章。

HPアドレス
http://lian.webup.co.jp/twin

石山貴美子（いしやま・きみこ）

一九四七年秋田県生まれ。写真家。株式会社面白半分に勤務の後、独立。写真集に『石山貴美子写真帖1984-2005―五木寛之「流されゆく日々」より』（新宿書房）。

集英社新書ヴィジュアル版〇〇一V

江戸《えど》を歩《ある》く

二〇〇五年一一月二二日　第一刷発行
二〇〇五年一二月一四日　第二刷発行

著者　田中優子《たなかゆうこ》・石山貴美子《いしやまきみこ》
発行者　藤井健二
発行所　株式会社集英社
〒一〇一-八〇五〇　東京都千代田区一ツ橋二-五-一〇
電話　編集部　〇三-三二三〇-六三九一
販売部　〇三-三二三〇-六三九三
読者係　〇三-三二三〇-六〇八〇

装幀　太田徹也
印刷所　凸版印刷株式会社
製本所　加藤製本株式会社

ISBN 4-08-720316-6 C0226

Printed in Japan